JN449571

구하는 자만이 살길이 있다.

하나님의 실체

- 2편 -

목 차

*먼저 하나님의 실체 1권을 읽고 복음을 이해 하고 하나님이 얼마나 우리를 구 하려고 창세부터 계획 하시고 예수 그리스도를 보내셔 그 고통과 멸시와 쓰라림을 견디시고 십자가에 피를 흘리시고 나를 함께 죽음으로 묻히시고 부활 하심으로 나를 살리셔서 하나님의 영을 내안에 분여 하심으로 내가 천국을 보게 하시고 새로운 피조물로 여기시며 의인이라 칭하시는 것에 감사와 찬송과 찬양을 드리심이 마당한 도리입니다. 절대로 이 은혜와 이 선물과 사랑을 잊으면 안되는 것입니다. 이것은 남이 갖지 못한 것을 가진 것이고 소망이 없는 삶에서 소망을 갖게 되었고 우리는 새로운 방향으로 가는 것 이며 다시 오시는 주님을 맞을 준비 하는 것입니다. 절대로 숫자가 많지 않은 귀한 존재임을 인식 하셔야 합니다.그리고 반드시 그리스도의 몸인 성전에 합류 하지 않으면 그 분은 자신이 아직 어느 소속인지를 모르는 것입니다. 모르신다면 왜? 전에 교회에서 이 복음으로 구원을 확실하게 인을 박지를 못 했을까요 ? 아직도 모르시면 그동안 속았다는 실감도 못 느끼는 것입니다. 분별이 않되면 하나님의 실체1권에 복음을 다시 자세히 읽어 완전한 분리로 흔들림이 없어야 합니다. 모르는 것은 사망입니다. 예수님과 사도들이 외친 " 그들은 모르옵니다."가 생각나시는 지요 ?

(시 49:20)

존귀함 중에 거하는 사람이라도 깨닫지 못하면 멸망하는 짐승과 같도다.')

(마 13:19)

어떤 사람이 왕국 의 말씀을 듣고 그것을 깨닫지 못할 때 에는 저 사악한 자가 와서 그 마음속에 뿌려진 것을 채어 가나니 이것은 곧 길가에 씨를 받은 자라.

그러나 좋은 땅 속에 씨를 받은 자는 말씀을 듣고 깨닫고 또한 열매를 맺는 자니 어떤 것은 백배,육십배,삼십배,를 내느니라.) 하시더라. 그리고 우리를 구원한 목적은 하나님의 계획이 무엇인지를 아는 것이 중요하다. 그 목적에 따라 우리는 완성 하여야할 의무가 있으며 그 길에서 벋어 나면 하나님의 계획에서 벗어나는 것이다. 여기에서 성령의 인도함이 있어야 하는 것이다. 또한 그리스도의 백성도 이 시험대가 남아 있는 것 이다.하나님은 이 목적을 위해 우리를 보호 하시며 지키시며 사랑으로 우리를 가르치시는 것 이다.즉 정금 같은 귀한존재로 남기를 원 하신다.

하나님의 사랑은 그 깊이와 너비를 측량할 수 없는 것이다. 더욱 하나님을 알아가는 것으로 우리의 변화는 세상 그 어느 학문과 비교할 수가 없다.

그 비밀과 신비가 있으며 깨달음에 연속 이다. 우리는 세상 사람이 아닌 하나님의 나라에 사람인 것이다.

먼저 하나님은 보여 주시기를 시작 하시므로 다른 일반 사람과는 다른 것이다. 본능으로 보는 사람은 그저 하나님 사랑하며 봉사하며 선을 세우려 하나 거듭나면 성경의 비밀이 보이고 그분의 목적과 계획을 알고 출발을 하는 신비가 시작 되는 것이며 구원을 완성 ,즉 하나님이 원하는 사항을 이루어 내는 완성을 바라보며 가는 것이다.

거듭나지 못한 사람은 외형적인 것을 나타내려 하며 내적인 영의 전쟁을 모르고 글자인 성경으로 보는대로 가르치고 보이지 않는 사람도 그렇게 보이므로 그길을 따르게 된다. 하나님이 보이시고 가르치시면 그 내용이 다른 것 이다. 그럼으로 대화를 해 보면 금방 알수가 있다 .거듭난사람 은 그분이 보인 사실을 말하며 깨달음을 통해 그형태가 완성됨으로 하나님의 나라 즉 시온성에 입성하는 것 이다.

(1) <성령으로 출발>

*첫 번째 갈리리 호수에서 예수님을 따라서 제자들이 들은 말씀은 그 들은 듣고서 따라간 길에서그저 따라서 십자가 까지 간 후에 부활하시고 다시 갈리리로 가셨다는 천사들의 말씀은 부활 후에 나타나서 엠마오로 가던 길에서 더디 믿는 자들처럼 상태는 아직 성령이 오시지 않으셨으므로 직접 가르치신 것이다.

갈리리로 다시 오라 하신 것은 이제는 성령님으로 가르치시는 것이다. 그럼 여기서 이제는 그대로 천국으로 인도 하시면 되는 것이 아니며 예수 그리스도를 통해 하신 말씀 하신 것을 다 알고 시작 하자는 하나님의 뜻이기 때문이다. 또한 그것이 기초가 되어 하나님과의 밀접한 관계를 이어 나가는 것 이며 하나님의 요구 사항으로 받아드려야 한다. 또한 이 시점에서의 출발은 어떻게 받아 들인 나로 인하여 사람들과 많은 무리들과 충돌이 일어 나게 될 것이다.

사람은 먼저 받아 드린 상태를 주장하게 되어 있음으로 성령이 없는 상태에서 배운 기록의 말씀은 더욱 현실적인 면으로 이끌어감으로 영적인 것은 보이지 않음으로 즉 막으로 가려있어 어쩔 수가 없는 것이다. 그러나 성령으로 배운 거듭난 사람들은 매우 기뻐하며 마치 주를 만난 것처럼 뛰며 기뻐할 것 이다. 우리는 이 부분에서 같은 주와 같은 믿음을 확인 할 수도 있다.

그러나 경고 할 것은 사람들은 기록된 말씀이 좀 잘못 해석 한들 뭐 그렇게 심각한 것이냐? 하며 가볍게 넘기면 크나큰 오류를 범하는 죄로 하나님의 진노를 유발함을 잊지 말아야 할 것이다. 하나님의 말씀을 거짓 대언 하거나 말씀을 도적질 이나 보태거나 빼는 죄에 해당 하므로 극형을 면치 못함을 잊지 말아야 한다. 차라리 듣고 절대로 입 밖으로 내어서 범죄 하지 말아야 한다.

그만큼 하나님의 말씀은 세밀하며 무서운 것이다. 그래서 가르치는 자는 죄가 더욱 엄중한 것 이다. 꼭 강단에서 가르치는 것만이 다가 아닌 것 이다. 기독교 신자가 책을 내면 자기가 지은 책은 작가라 할수 있다. 그러나 하나님의 주신 영적 가르침으로 쓴 것은 자기가 지어낸 것이 아니므로 작가가 아니고 받아서 쓴 대필일 뿐이다. 나도 형식을 취 하느라 이름을 밝혔으나 절대로 작가가 아님을 밝혀 둔다.

※또한 첫 번 출간된 하나님의 실체 1권 을 보지 않은 사람은 절대로 이 책을 보면 안 된다. 그 책을 보았다 해도 그곳에서 깨달음이 없이 이 책을 본 다면 오히려 자신에게 해가 될 뿐 절대로 득 될 것이 없다. ※

(2) <복음의 실체>

(행 2)

성령이 온 사람들은 먼저 다 같은 말을 하는 것이 있다. 먼저 하나님이 해주신 내용을 말을 하는 것이다. 죄 사함만 받은 사람은 그 내용을 증거 함으로 인정을 받는 것처럼 거듭난 그리스도인도 죄의 내용과 영을 어떻게 주시었는지 복음의 내용을 말을 하는 것 이다.이것이 처음으로 시작 되는 부분이다. 장님이 눈을 뜨면 첫 번 보이는 대로 말 하는 것처럼 그 사실을 말하는것 은 당연한 것이다. 그러나 보이지 않는 장님은 그 상태를 자신이 알고 있는 사실로 거부 하는 것처럼 서로 다른 이견이 나기 마련이다. 이처럼 하나님이 눈을 열 개하심은 처음부터 세상과 다르게 시작 하는 것이다. 그리고는 자신도 모르게 자기가 다니는 교회에서 그 말을 하게 된다.자신이 몰랐던 부분을 말을 하게 되는 것 이다. 그러나 그 들의 간증을 받아 들이지 않는 문제가 발생 함으로 말을 못 하게 하는 사태 까지 일어난다. 심지어 서로 교만하다며 목사의 설교가 이상하게 들어오지 않고 지루함을 느끼게 된다. 영적 분리가 시작 되는 것 이다.그리고 자신들은 이미 다 알고 성령이 있으니 그런 이야기는 말하지 말라고 한다. 그러나 우리 들은 보고들은 것을 말할 수밖에 없는 것 이다. 자신이 듣고 아는 상황을 그 대로 말 한 것뿐 인데 분위기가 달라질수도 있다.

인간이 가장약한 부분은 영적인 것 이다. 세상에서는 총명하고 지혜로우나 종교적 신앙에서 는 어처구니없는 결과로 파탄에 이르게 되는수가 있다. 신의 존재는 의식 하면 서도 찾는 길은 어렵기 때문이다.또한 복음을 듣고 깨달은 상태는 자신의 운명이 좌우 되는 중요한 갈림길이 됨으로 매우 신중하며 정확해야 한다. 그 내용은 하나님이 자신에게 주신 것임 으로 결코 흔들리거나 흐릿하면 안 되는 것이다. 또한 하나님은 이 생명의 씨앗을 뿌리기 위해 창세 이전부터 계획 하시고 이스라엘을 통해 역사로 법으로 사람으로 여러 방면으로 보이시고 예수님이 오셔서 이루어 놓으신 것으로 그 하나님의 인내와 사랑이 담겨 있는 하나님의 지혜라 볼수 있으므로 감사와 찬양을 무한히 올려야 하는 것이다.

(3) <세상의 종교>

먼저 기독교는 (믿음의 교회) 믿기만 하면 된다! 라는 그래서 주 예수를 믿으라 그리하면 너와 네집이 구원을 얻으리라 (행 16) .

를 외치며 거리에서 병원에서 가정 방문에서 사람이 모이는 곳에 등장하여 은혜를 부르짖는 천국행 교회이다. 가정사나 세상일에서 잘되는 현상에는 더욱 감사와 찬송을 부르는 것 이다.

행위적 으로 봉사나 손 벽을 치며 찬송으로 몸을 움직이며 자신의 신앙을 더욱 만족시켜 심취 하는 자아 도취의 길에서 벗어 나지를 못 한다. 사랑을 베풀어 나눔을 봉사하고 인간애의 헌신으로 천국의 소망과 힘들고 지쳐도 면류관의 기대로 점점 완숙되어 직위도 헌금의 척도로 인정 받게 된다. 말씀은 유명인의 서적이나 논문에 의지하여 설교함으로 어느 때는 감동적이며 어느때는 율법적 으로 강요 함으로 행위를 강조 하여 결국 희생과 교회의 협조를 유도함으로 돈으로 결과를 평가 하기도 한다.

(죄 사함의 구원 교회)

하나님이 나를 사랑 하여 예수님을 보내시어 내가 받을 죄를 담당 하시고 피를 흘려 십자가에 죽음으로 내 죄를 흰 양털 같이 깨끗하게 하시어 나를 천국으로 가게 하심에 감동으로 믿는 신앙 상태이다. 혹 죄를 진다 하드라도 영원한 속죄를 이루사 (히 9) 단번에 성소에 들어 가셨느니라“ 말씀으로 얼마나 감사한지 모른다는 것이다. 너무나 천국에 넉넉히 들어감을 전도 하여 전도가 잘되는 교회이다. 따라서 교회건축 확장으로 문제가 발생 하기도 한다. 일반 교회를 종파교회로 분류시키며 축복 교회라 하며 우월성을 강조 하고 성경내용을 가르치는 시간으로 인하여 종파교회와는 다르게 성경지식이 탁월 하므로 스스로를 만족 하며 지내나 조금씩 그안에 빠져 있으나 그 이상은 보이지를 않으므로 전도에 전념하여 면류관에 기대하게 된다. 성령문제는 죄 사함을 받으므로 자연히 오셨으며 성령은 인격체며 말씀이며 부활의 복음은 없이 하나님앞에서는 죄를 사함 받았으므로 죄가 없어진것이라고 하며 또한 구원 받은 삶은 죄를 지면 않된다고 한다.그러나 실상은 죄의 근본을 모르고 영의 문제는 나오지 않으며 육의 죄를 논 하는 참으로 무서운 신앙이다. 그곳에서 나오기는 정말 어렵다.

(기타. 교회는 이 내용 안에서 어떤 의식이나 교리, 날자를 가지고 주장 하고 종말론을 부활시켜 차별화 하는교회나 다른 교회를 비방하여 더욱 강조 하는 형식으로 차별화가 이루어져 있다. 혹 성경을 많이 배웠으나 글자로 배운 교회는 그안에 실체의 영이 없으므로 자신도 모르게 성령을 부인하는 말을 하고 예수님을 사람으로 아들로 표현 하며 하나님과 분리 하는 교회도 있다. 결국은 거의 위의 내용 안에서 지켜지고 있다.)

(거듭난 교회)

죄를 짓는 이유와 세상 영의 지배안에 있는 나를 발견 하고 그 죄를 인식 하고 말씀에 따라 예수님과 동행하여 십자가에 자신을 처리 하고 같이 부활할 때 성령을 받게 하시는 부활의 복음이 있고 이어지는 성령의 인도로 다시 살아가는 삶으로 변화되는 신앙이라 할 수 있다. 즉 성령의 음성을 듣고 계시 하는 눈으로 열어지는 성경과 현실에서 분류되는 가치관의 성장으로 세상을 초월 하며 하나님의 계획과 목적을 알고 동행하는 믿음으로 완성 하는 구원을 유지 하는 것이다.

*여기서 주의 해야할 것은 그들이 같은것이라고 말하며 그것은 알고있다 고 가르치는 것과 실체를 이루지 못한 것은 알고 있는 것 과는 다르다. 돌이키는 회개도 이루어지지를 않는 것이다.

하나님은 이후에 변화되는 것은 무슨 사람이 달라져서 거룩해 졌다는 것 그런 것이 아니다.

먼저 성경을 달리 보여 주시고 계속적인 깨달음으로 다른길을 가게 하시며 하나님의 계획에 맞는 사람으로 성장시킨다. 그리고 절대로 구 하지 않는자는 얻을 수가 없어 실패를 한다.

그리고 그렇게는 살수없다며 편하게 믿고 살면 되지 하며 지나치다 하는 것은 성령이 없으면 이룰수가 없기 때문이다. 실지는 성경을 이루어 가는 성취와 같은 것이다.

(행 20)

'(내가 온전히 겸손한 마음과 많은 눈물과 또 숨어서 기다리는 유대인들로 말미암아 내게 닥친 시험과 함께 주를 섬기며 그들에게 하나님을 향한 회개와 우리주 예수그리스도을 향한 믿음을 증언 하였노라"

이는 내가 지금까지 회피 하지 아니하고 하나님의 모든 계획을 너희에게 밝히 말하였기 때문 이라.)

*이 복음을 알고 어느 교회든 받아 드리는 교회는 없다. 전혀 교제가 되지를 않는 것 이다.

여기서 바울 사도의 겸손은 자신이 십자가의 죽음으로 자신의 존재를 나타내지 않는 상태를 말 하는 것 이다.

다시 말 하지만 여기서 회개는 하나님과 상관이 없으므로 돌아오라는 것을 말 한다. 그리고

(4) <믿음이란>

(창 5:24)

에녹이 하나님과 동행하더니 하나님께서 그를 데려가시므로 .....)

(히 11:5)

(믿음으로 에녹은 죽음을 보지 아니하고 옮겨 졌으니....)

즉 믿음 이란? 주님과 동행을 말 하는 것 이다.

즉 세상에서 말 하는 믿음 과는 다른 것 이다. 동행하지 않은 죄 사함과 성령을 받은 것 은 없는 것 이다. 그런즉 믿음이란 동행 없이는 불 가능하며 동행 하려면 그 분과의 연합이 필수인 것 이다.

(5) <교회의 분리>

교회의 예배는 일종의 의식이 아니다. 각 지체가 모임으로 성전 몸이 머리에 명령을 듣고 완성 할수 있도록 하나님을 찬양하며 그 은혜에 감사 하며 말씀을 통해 하나님의뜻을 받들어 그 길을 가며 하나님의 계획에 보조를 강화 하는 것이다. 찬송은 그 내용이 하나님의 뜻과 일치 해야 한다. 예배의 순서나 절차나 사람의 분별이 있으면 안된다. 우리는 다 같은 지체의 일 부분 이기 때문이며 직위를 만들어 분리하면 안되는 것 이다.

내용을 채우는 일을 모르는 교회는 쓸대없는 이벤트나 규정이나 날자나 행사를 만들어 참여케 하여 하나님의 역사에 동참처럼 만들어 돈이나 노동을 요구하거나 외형적인 요구를 하는 것이 다. 그것은 내적인 완성이 어렵고 그 길을 모르기 때문이다.

혹 양복을 입고 나오라고 하든지 가장 좋은 옷을 입고 오라는 것은 내적인 것을 모르는 증거 이다. 초대 교회에서는 너무 허술하게 옷을 입음으로 주의를 주는 말씀도 있다. 또한 여성을 배제 하고 남성 우월로 여자는 잠잠하라고 잡아 놓는 교회도 성경이 안보이니 그런 현상도 나오는 것 이다.그리스도 안에서는 남과 여의 차별이 없다. 과거 이스라엘과 주변국에서는 여성을 차별 하여 감추려는 삶으로 살았으나 그것이 그리스도 안에서 자유함으로 바뀌었으므로 , 초대 교회에서 너무 자유함으로 질서를 필요로 바울사도가 주의를 준 것이다.그러나 다만 남자를 가르치는 것은 허락하지 않을 뿐이다. 아직도 중동 지방은 여성 차별로 우상숭배의 길을 가는 것 이다.

오히려 교회는 여성이 더 적극적이기도 하다. 주님이 부활 할 때 처음 만난 자는 막달라 마리아 였다 나중 설명이 있겠지만 남자는 하나님을 여자는 교회를 말 하는 비밀이 있다.

따라서 하나님이 교회를 사랑 하는 것은 자기 몸을 사랑 하는 것과 같다.

교회를 분리 할 수 있는 분별이 생기는 것은 당연하다 .그러나 이영 분별을 못 하면 결국 실패 하게 된다. 다시 입으로만 하나님을 외치나 실상은 하나님의 성전에 가지 않는 죄를 범하므로 실족 사망하게 된다. 교회의 예배는 과거의 성전에 참여 하는 것 이다.그리스도 말씀 하신 사흘만에 지으리라" 라는 성전인 것이다. 거듭남 그리스도인이 모인 곳이 성전인 것이며 아무나 모이는 건물이나 사람들이 있는 곳은 성전이 아니므로 예배는 꼭 성전으로 가서 모이는 것이다. 그 성전에 주님이 계셔서 머리로부터 공급을 받아 하나님의 건물로 세워져 가는 것이며 그 안에 성장 과정을 보면 주님의 몸의 상태를 알수가 있다.

(6) <영 분별>

처음에는 자신이 바른 말을 하면 다 반기면서 모 르던 사실에 놀라며 받아 줄 것 이라 생각 했는데 자신을 거부 하는 현상에 불쾌하기도 하고 내가 무엇인가 잘못 되었나? 하며 혹 잘못 알고있나 하며 의아 할수도 있다. 그러한 생각이 떠 오를 때마다 주님을 부르거나 사탄아 물러 가라고 마음으로 외쳐야 한다. 그리하면 스르르 살아 지는 일이 일어난다.

이것은 성령이 없는 사람속의 세상 영이 알아보고 부정한 영이 부정적으로 대 하는 것 이다. 즉 긍정적으로 대면을 할 수가 없는 것 이다. 내 안에 계시는 성령의 주님으로 나는 다른 사람으로 시작인 것이다. 참으로 감사와 찬양을 드려야 할 것 이다.

(요일 4)

사랑하는 자들아 영을 다 믿지 말고 오직 그 영들이 하나님께 속하였는가 그것들을 시험하라. 이로써 예수 그리스도께서 육체안에 오신 것을 시인하는 영마다 하나님께 속 하였고 예수 그리스도께서 육체 안에 오신 것을 시인 하지 아니하는 영 마다 하나님께 속하지 아니 하였나니 이것이 적 그리스도의 영이니라 , 그것이 지금 세상에 있느니라."

*네가 믿은 구원이 확실치 안았나 보다며 우리도 다 아는 사실이라며 겸손하지 못 하고 거먼 하다며 특히 직위가 있는 신자는 더욱 불편하게 대 하게 된다.

(요일 4)

그 들은 세상에 속 하였으므로 그들이 세상에 대한 세상이 그들의 말을 듣느니라.우리는 하나님께 속하였은즉 하나님을 아는자는 우리말을 듣고 하나님께 속 하지 않은 자는 우리의 말을 듣지 아니하나니 이로써 우리가 진리의영과 오류의 영을 아느니라.

*여기 시간이 가면서 세상의 말과 우리의 말이 차이가 나기 시작

할 것 이다. 그들은 세상에 살면서 서로 인정 하는 부분을 강조 할 것 이다. 예를 들어 죄를 지으 면 안 된다고 하면 어떻게 안지냐며 스스로 죄의 길을 최선을 다 할뿐이라는 것 이다.

(요 17)

그들을 다만 악에서 지켜 주시옵소서 그들은 내가 세상에 속하지 아니한 것 같이 그들도 세상에 속 하지 아니 하였나이다.

*왜 거듭난 사람들은 세상에 속 하지 아니 하였을 까?

*우리 안에 성령이 계시냐? 안 계시냐의 차이인 것 이다

*예수님도 그 안에 아버지의 영 즉 거룩한 영이 계셨기 때문이다.

*우리 안에 성령이 계심을 시인하는것 이 아니라 내 스스로가 그 사실을 알고 아! 내 안에 성령이 계셨구나 하며 인정된 것입니다.

그 영이 계셔야 우리는 영원한 생명을 누리는 삶으로 이어지는 것 입니다.

다른 표현으로 이마에 인 맞은 자입니다.이 분이 계셔야 성경도 가르쳐 주시고 보호 해주시며 깨달음으로 인도 하여 그리스도의 형상을 이루게 됩니다. 그러나 세상의 그 동안에 형상은 점점 사라지는 새로운 시대를 맞 보게 됩니다.

그러나 주의 할 것은 계속 죄에 거하여 사탄에게 순종 하거나 죽은 자기가 다시 살아나면 성령이 떠나 다시 사탄에게로 돌아 갑니다. 이것을 실족 이라고 합니다.

따라서 늘 기도 하며 마음과 생각이 하나님과 연합하여 깨어 있어야 합니다.

이미 자기 라는 존재를 버린 고백을 강하게 잡아야 합니다. 즉 다시 말 하면 주님이 내 안에 계신 것입니다.

또한 모든 하나님과의 연관 고리는 하나님의 영이 있어야 성경도 보이고 깨달음도 주시고 죄도 알게 되고 세상을 보는 눈도 주시며 하나님 자신의 계획을 알고 그뜻에 따라 움직이는 것이다. 믿음이라는

행위도 일어나는 것이며 그러므로 영의 확인은 너무나도 확실한 확인이 필요한 것이다.

(7) <죄 처리>

(요일 3)

죄를 범 하는자는 마귀에게 속 하나니 마귀는 처음부터 죄를 짓느니라.

누구든지 하나님 에게서 난 자는 죄를 범 하지 아니 하나니 이는 그 분의 씨가 그 속에 머물러 있기 때문이라 그는 하나님에게서 낳으므로 죄를 지을 수 없느니라.

이로서 하나님의 자녀들 과 마귀의 자녀들이 들어 나나니 누구든지 의를 행 하지 아니하는 자나 자기 형제를 사랑 하지 아니 하는 자는 하나님께 속 하지 아니 하느니라.

*이 말씀을 이야기 하는 교회는 보지를 못 할 것이다. 이 말씀은 이야기 한다 하드라도 죄를 논 할 때 세상에서 논 하는 법적인 죄를 논 한다면 그야 말로 하나님의 교회는 아닌 것 이다.여기서 죄는 이미 말한 세상 죄 즉 말과 행위와 생각의 죄 모두 포함이다 세상 영의 의한 죄를 말 함이다.

그러면 어떻게 죄를 짖지 않을 까?

(요일 1:8 ~ 10)

만일 우리에게 죄 가 없다고 우리가 말 하면 우리가 우리 자신을 속이며 또 진리가 우리 속에 있지 아니 하니라. 만일 우리가 우리의 죄를 자백 하면 그 분께서는 신실 하시고 의로 우사 우리의 죄 들을 용서 하시며 모든 불의에서 우리를 깨끗하게 하시느니라. 만일 우리가 죄를 짖지 아니 하였다고 말 하면 우리가 그 분을 거짓말 하는분으로 만들며 또한 그 분의 말씀이 우리 속에 있지 아니 하니라.

*이 성경이 어떻게 보여질까? 거듭나지 않은 사람은 아마도 봐라! 인간은 죄를 안 지을 수가 없기 때문에 주님이 오셔서 죄 사하시고 죄를 짖더라도 진심으로 뉘우치면 용서해 주신다고 보일 것이다.

(롬 2)

그러므로 오 판단하는 사람아 네가 같은 일을 행 하므로 다른 사람을 판단하는 것에서 네 자신을 정죄 하기 때문이라 . 같은 일을 행하는 사람아 네가 하나님의 심판을 피 할줄로 생각 하느냐?

*우리는 살면서 죄 안짖는다고 하면 거짓 말이고 그 안에 진리가 없다고 한다. 그리고 죄를 짖지 말라고 하면서 자신도 죄를 짖는다는 것 이다.즉 이중인격 이다.죄를 짖지 말라고 하고 짖으면 고백 하고 뉘우치고 평생을 반복 하는 것 이다. 이 사항이 어느 교단에서 아니라고 하는 것을 보았는가? 잘못 된 믿음이라고 하는 곳이 있는 가? 거듭나지 않은 증거 이다.

(요일 3)

누구든지 하나님에게서 난자는 죄를 범 하지 아니 하나니 이는 그분의 씨가 그 속에 머물러 있기 때문 이라.그는 하나님에게서 났으므로 죄를 지을 수 없느니라. 이 로써 하나님의 자녀와 마귀의 자녀들이 드러나나니,....

*어느 말씀을 붙잡고 주를 따라 완성의 길을 가는지 보이는가? 안 보이는 길을 가는 장님이 아닌가?눈 으로 보이는 즉 계시가 없는 것이다.

(시 51)

(긍휼에 따라 내 범죄들을 지워 주소서 .내 불법에서 나를 씻기시며 내 죄에서 나를 정결케 하소서.)

*죄 에는 죄와 불법과 범죄가 있는 것 이다. 죄 의 이미지가 떠오르면 불법으로 가고 그 결정에서 범죄로 가는 것이다.

(누 9)

(그분이 예르살렘 으로 가려는데 사마리아 사람들이 마을에서 받아들이지 아니 하므로 야고보와 요한이 이것을 보고 “주여 엘리야가 행한 것 같이 불이 하늘에서 내려와 저들을 멸하도록 우리가 명령하기를 원 하시나이까?그 분 께서 돌아서서 그 들을 꾸짖으시며 이르

시되, 너희가 어떤 영에 속해 있는지 알지 못 하는 도다. 인자는 사람들의 생명을 멸하러 오지 않고 구원 하러 왔느니라.)

*하나님의 실체1권 에서 죄가 오는 것은 영의 주도하에서 오는 것을 설명 하였으니 이제 죄가 어떤 경로로 들어오는지를 알 것 이다. 진리가 안에 계시면 그 분이 지적 하고 가르치는 것 이다.

거의 먼저 죄를 올리때 그 상황을 긍정과 부정의 사이에서 불의로 받아 들이고 행위나 말로 범 하는 것이다. 누구든지 항상 죄 의 이미지가 있으므로 죄 가 없다 하면 거짓인 것 이다. 그러나 죄 가 이동 하기전에 주님에게 고백을 하거나 사탄아 물러가라 " 마음속 으로 외쳐도 주님이 깨끗 하게 하여 주시는 것 이다. 거듭나기 전에는 사탄이 주인이기 때문에 이것이 불 가능한 것이므로 범죄로 끝나면 가서 주님이라는 이름으로 고백을 하고 용서 라는 코스로 가는 이 세상 방식 이다.즉 주님이 자신의 성전안에 지체를 깨끗 하게 하시는 것이다.

주님과의 계속적인 소통을 위해서는 가장중요한 것은 바로 죄를 처리하는 것이다.아무리 말씀을 따라 산다하여도

주님과 나 사이에 죄 즉 불순종으로 인한 죄는 사탄의 영을 따라 짓는 죄인 것이다. 주님에게 고함으로 인해 죄를 깨끗게 해 주시는 주님의 은혜는 정말 감사하며 우리만의 혜택인 것이다. 그러나 이 생각의 죄는 주님만나는날 까지 우리는 영과의 전쟁이므로 등한히 할 경우 사탄에게 순종하는 일로 다시 돌아가지 않도록 주의 하여야하는 것이다. 더욱이 이 죄는 다른영을 섬김으로 간음죄요 우상숭배요 하나님과는 원수를 자처 하는 것이며 이죄로 인하해 예수님이 십자가에 못 박히심으로 이죄를 용서 받은 사실이 없는자는 죄 사함이 없는 것이다. 죄를 알아야 용서가 되는 것이다.

(시 54편)

나를 대적 하고 학대 하는자들아 나를 찾나니 그 들은 하나님을

앞에 두지 아니 하였나이다.

(시 37)

이제 내가 머뭇거리게 되었고 내 고통이 항상 내 앞에 있사오며 내가 불법을 밝히 드러내고 내 죄로 인 하여 슬퍼 하리이다.

*이죄의 전쟁의 시작은 실로 영의 전쟁 이다. 내가 주를 먼저 앞에 두고 그분의 통치를 받느냐? 아니면 사탄의 영의 통치를 받느냐? 의 갈림길 이기 때문이다. 그 방법은 내가 나를 내 세우지를 못 하고 우선 멈추는 일이 먼저 인 것 이다. 멈추지를 않고 그대로 통과 하면 범죄로 범 하는 것 이다. 그리하면 그 사실을 밝은 빛의 주님이 어둠을 들어 내시는 것 이다.멈 추지 못 하고 범법 으러 넘어가면

이때에 내 마음이 몹시 고통 스러운 것은 내가 범한 사실과 사탄에게 넘어 감으로 인한 것 이다.

(잠 4)

의인들의 행로는 빛나는 광체 같아서 점점 더 빛나 완전한 낮에 이르거니와 사악한 자들에 길은 어둠 같아서 그들은 심지어 무엇에 걸려 넘어지는지도 알지 못 하느니라.

(잠 24)

의인은 일곱 번 넘어질지라도 다시 일어나거니 와 사악한 자는 넘어져서 해악에 빠지리라.

*처음부터 완전히 되지 않는 실패의 연속과 자신의 무용함에 더욱 힘이 들것 이다.

그러나 이 훈련을 주님은 아기처럼 대해 주시며 다시 일어나 는 것으로 단련시키시며 처음으로 나를 이르켜 걸음을 걸리는 상황이다. 고로 넘어짐으로 표현 하시는 것 이다.죄 문제를 해결 즉 죄에서 해방 하지 못 하면 주님과의 소통을 할 수가 없으므로 죄와의 전쟁은 죽느냐? 사느냐?의 각오로 성장한 어른의 모습으로 나타나야 하는 것 이다.특히 말에서는 더욱 그러 하다.

(8) <순종>

(롬 6)

너희 자신을 누구에게 종으로 내 주어 순종 하게 되면 너희가 순종하는 사람의 종이 되는줄 너희가 알지 못 하느냐?혹은 죄 의종으로 사망에 이르고 혹은 순종의 종으로 의에 이르느니라.

*자 이제는 우리가 어느영 에게 순종 하느냐? 에 나의 운명이 달린 것이다.

다시 사탄이라는 영 에게 순종을 하면 다시 돌아 가는 것 이다. 이루시퍼 라는 천사가 하나님의 위에 도전함은 우습게 여기면 안되는 것 이다. 거기에는 군대라는 숫자와 역할이 있다. 광명에 천사로 가장하는 것 이다.의를 주장하고 선을 부르짖는다. 즉 하나님의 위치를 주장 하는 것 이다. 그럼 우리의 몸에서 사탄이 나갔는데 왜 다시 우리를 관여 하는지 의아 할 것 이다. 이 사탄이 주인이며 주관자의 위치는 박탈 했으나 거듭난 그리스도인을 파멸시켜 다시 돌아 오게 할 수는 있다. 그러나 우리가 주안에 있는 동안은 절대로 침범할 수는 없는 것 이다.그래서 항상 나의 생각과 온 정신을 주님에게 초점을 맞추고 있어야 한다. 여쭈어 보고 듣고 말씀을 따라 행위로 가야 한다. 또한 우리에게 다시 한번의 선택을 허용하는 것 이라 볼 수 있다. 인간으로 태어난 것은 하나님의 계획속 에 있는 것 이지 나의 선택은 결국 쭉정이 와 같은 것 이다. 수확 하는 농부는 알맹이를 원 하는 것 이지 쭉정이는 아닌 것 이다. 또한 우리가 원 하는데로 들어 주는 하나님이 아닌 것 이다.

모든 만물이 순리대로 순행 한는데 유독 나만이 다른 길을 가는 것과 같은 것 이다.

그리고 우리 역시 하나님의 성경기록이 요구하는 데로 완성의 길을 가서 그 기록을 완성 하는자 즉 완전한자로 남는 것이 예수 그리스도를 이어 그 후손인 것이다. 그 목적을 달성 하기 위하여 는 성령의 내주와 도움없이는 불 가능한 것이다. 그러므로 하나님은 처음부터 그 계획을 세우시고 이 모든 기록은 예수그리스도와 성령에 초점이 맞혀 있는 것 이다. 따라서 성령에 인도로 성경도 보이는 눈으로 열어 주며 그 내용이 풀리며 완성 해 갈 때 내 안에 성령이 계심을 확신하며 나 역시 그 완성은 그 이유와 타당성을 인정 하며 나 자신이 그 성령의 이끄는 방향으로 움직이는 실체가 일어난다. 다시 한번 에덴 동산에서 선택의 기회를 주신 것임으로 절대로 다시 돌아가면 않되는 것이다.

(9) <하나님의 지키심>

창세로부터 하나님은 예수님의 탄생을 약속 하심으로 그 씨를 이어가기 위해 택 하심으로 유다 지파를 선택 하시고 예수 그리스도를 통해 태어난 다시 태어난 씨 즉 우리는 새로운 피조물이며 마치 처녀와 같이 자식 같이 여기시는 것 이다. 마지막 까지 보호하심은 하나님이 지키는 것 이다. 아무리 어려운 환경으로 감옥 이나 위험한 위기 에서도 보호 하시는 것 이다.우리 역시 자신이 하나님의 보호를 받는 것은 아기와 같은 상태에서 다시 세우시는 왕국에서는 어리고 그 능력이 약 하므로 정금을 연마 하듯 필요 충분히 기르시며 동행하시어 그 구원에 완성을 하기 위함이다.

나 자신 육체도 처음에는 첫째 몸의 보호를 여러번 확인 한바가 있고 또 내 안에 이루어진 하나님의 가르침과 가치관과 보이는 방향과 하나님의 뜻을 받아드리는 믿음 즉 동행으로서 이루어지는 믿음을 나 스스로가 아닌 주님의 보호로 전진됨 을 알 수가 있는 것 이다.

(마 16)

(사람들이 나 곧 사람의 아들을 누구라 하느냐? , 하시니 그들이 이르되 어떤 이들은 침례 자 요한이라 하고 어떤 이들은 엘리야라고도 하며 다른 이들은 예레미아 나 대언자 들중의 하나라고 하나이다. 하거늘

그 분께서 그들에게 이르시되 너희는 나를 누구라 하느냐? 하시니 시몬 베드로가 대답하여 이르되 주는 그리스도요 살아 계신 하나님의 아들이시니 이다. 하매 예수님께서 그에게 응답하여 이르시되 바요나 시몬아 네가 복이 있도다 그것을 네게 계시한 이는 살과 피가 아니요 하늘에 계신 내 아버지 이니라.)

*성경을 알고 하나님을 모신다는 학자들은 그분을 대언자의 하나로 일반 사람으로 보았으나 주님과 같이 있던 베드로는 보이는 눈을 보호 해주시는 것 이다. 지금도 역시 우리가 받아들이고 깨달음을 주

시고 열어 주시어 우리의 사상이나 교리를 지켜 주시어 혼돈 하지 않도록 하시는 것 이다. 즉 몸도 정신도 지켜 보호 주시므로 주님의 왕국에서 충분히 일 할수 있는 일꾼을 만드시는 것 이다.

(10) <십일조>

이 세상에서 십일조 없는 교회가 과연 있을까?

물론 십일조가 기록 상에 없는 것은 아니다. 그러나 그 근본은 다른 것이다.

(창 14)

엘람왕과 디딜과 시날왕과 엘라살왕이 소돔과 고모라 아드마 스보임 벨라 왕과 싸워 잡혀간 아브라함의 조카 롯과 재물이 탈취 당하였으므로 아브라함이 쫒아가서 여인들과 재물과 롯을 구해 오는 길에 살렘왕 멜기세덱이 빵과 포도즙을 가지고 나왔으니 그는 지극히 높은 하나님의 제사장이 었더라. 네 원수들을 네 손에 넘겨 주신 지극히 높으신 하나님을 찬송 할지어다.하매 아브람이 모든 것의 십분의일을 그 에게 주니라. 이에 소돔왕이 사람들은 내게 주고 재물은 네가 취하라“ 아브람이 소돔왕에게 이르되 내가 하늘과 땅에 소유주 되시는 지극히 높으신 하나님 곧 주께 내 손을 드노니 네가 이르기를 네가 아브람을 부자로 만들었다”할까? 염려 하여 네게 속한 것은 실오라기 하나 나 신발끈 하나라도 내가 취 하지 아니 하리라.“ 다만 청년들이 먹은것과 나와 함께 간 아넬과 에스골과 마므레의 몫은 예외이니 그 들이 자기 몫을 취 할것이니라”.

*당시에 전쟁이 일어나면 점령이나 승리 자는 남자는 다죽이고 여자는 종으로 재물은 다 취 하는 것이 일례이 었으므로 소돔왕은 자기 재물을 내 주고 사람은 자기에게 양보 하라는 것이 었다. 아브람이 얻은 것은 전쟁에서 얻은 것 이고 그 는 소유주는 하나님이라고 했다. 자기 마음대로 재물을 취하여 부를 얻는 다는 것이 아니라는 것이다. 다만 소비하여야만 하는 재물은 나누어 준 것 이므로 그는 결국 아무것도 취 한 것이 없다.

오늘 날의 십일조와 무엇이 다를까? 과연 십일 조를 안 내고 교회에 나갈수가 있을까?

전쟁에서 승리한 십일조를 하나님께 가져가는 신자는 있을까? 즉 필요에 의한 몫을 취 하고 부는 없는 것이다. 하나님의 창고에 쌓아야 할 십일조를 모르는 것 이다. 바울 사도는 모든 중상모략을 안고 어려운 예루살렘의 형제를 돕기 위한 모금을 가져가 도운 것이 그가 취한 재물이 였다. 가죽 천막을 만드는 막 노동으로 무드 질을 하며 생계를 이어간 것 이다. 지금도 각자가 교회 에서는 각기 다른 위치에서 섬길 뿐 말씀으로 가르침으로 봉사로 등 같은 위치에서 섬기는 교회는 아직 보지를 못 했다. 재물은 하나님 창고 에서는 받지를 않으신 다는 것을 모르는가보다. 필요에 의한 도움을 자기 성의 껏 내는 재물은 필요 한 것 이다. 먹을 것 과 입을 것으로 가치관이 성립 된 신자는 있을 것 이다. 이것은 그렇게 정 하는 것 규칙이 아니고 그렇게 정체성으로 결정 되는 것 이다. 사람은 빈손으로 왔다가 빈손으로 간다고 공수래 공수거 라는 말은 다 하면서 실지는 않 되는 것 이다. 마음안에 가치관의 시행이 자의에 의해서 가 아니라 크고 영원한 가치관의 의해서 주의 인도로 가 능 한 것 이다.영적인 인도 없으면 재물을 받침으로 무엇인가 하나님을 위해 했다는 만족감으로 또 서로간의 신도들 사이에 경쟁력을 불러 일으켜 부흥에 동참으로 위치의 직급을 주는 형식으로 하나님의 상급으로 연계 시킴은 전혀 하나님과 아무런 관련이 없는 것이다. 하나님의 창고에 십일조를 쌓으려면 하나님의 원수들의 전쟁에서 승리한 것으로 주님에게 드리는 영원히 남아있는 내적인 것 으로 드려야 한다. 즉 교회의 십일조와 하나님의 십일조는 다른 것 이다.

(고후 5:10)

우리 모두가 반드시 그리스도의 심판석 앞에 나타나리니 이로써 각 사람이 좋은 것이든 나쁜 것이든 자기가 행한 것에 따라 자기 몸 안에 이루어진 것들을 받으리라.)

(말 3:8)

사람이 하나님의 것을 강도질 하고도 말하기를 ,우리가 어떤 점에서 주의 것을 강도질 >하나니 너희가 십일조와 헌물에서 강도질 하였느니라

(잠 8 :21)

이것은 내가 나를 사랑하는 자들로 하여금 재산을 상속받게 하려 함이라.내가 그들의 창고들을 채우리라.

*하나님이 주시는 재산상속은 세상 재물로 채우는 것이 아닌 하나님이 주시는 것으로 채우는 것이다.

(11) <손>

이스라엘이나 동남아 교인들은 기도를 할때 손을 위로 들고 한다. 성경 기록에도 손에 대한 말씀이 여러 부분에 표현 되어 있다.

(막 5)

"회당의 치리장의 집에서 어떤 이가 와서 당신 의 딸이 죽었 나이다. 어찌 하여 선생님을 더 괴롭게 하시나이까? 하거늘, 예수님께서 그 말을 들으시고 그에게 이르시되 두려워하지 말고 믿기만 하라" 하시며 베드로와 야고보와 요한 이외에는 허락 하지 아니하시고 집에 가사 소란한 것과 슬피 울며 통곡 하는 자들을 보시고 어찌하여 떠들며 슬피 우느냐 ? 이 소녀는 죽지 않았고 잔다."하시니 . 그들이 비웃더라. 그 분께서 제자와 부모를 제외한 다른 사람은 다 내보내고 "소녀가 누워 있는 곳에 들어 가사 소녀의 손을 잡고 이르시되 "달리다 굼 하시니 이것을 번역 하면 소녀야 일어나라"는 뜻이다. 소녀가 즉시 일어나 걸으니 그녀는 열두 살이더라.

그들이 놀라고 놀라거늘 그들에게 엄히 명하시되 아무에게도 그것을 알지 못 하게 하시고 그 소녀에게 먹을 것을 주라 고 명하시니라"

*예수님은 죽은 자를 살리시면서 사람이 보는 관점과 다르시다. 사람은 죽기 전에 살리기를 원 하지만 예수님은 죽은 자를 잔다고 말씀 하시고 완전 죽은 후에 손을 잡고 일으키신다. 손과 손이 마주잡은 것은 예수님의 영과 소녀의 영이 연합된 상태를 말함이다. 복음에서 나왔듯이 우리는 영의 상태가 가동을 멈쳐 마비된 상태 이다. 육체는 죽은 것이나 영은 그대로 인 것이다. 또한 죽은 것은 더 이상 사탄의 영유권에서 벗어나고 예수님을 만남으로 생명의 영이신 그리스도의 영과 연합으로 부활의 모습을 보이신 것이다. 손이란 많은 성경 구절에서 표현 되어 있다.

(욥 33:4)

하나님의 영께서 나를 만드시고 전능자의 호흡이 네게 생명을 주었느니라.

(욥 34:19)

하나님께서 다 그들을 자신의 손 으로 만드셨느니라.

(겔 8:1)

하나님의손이 내려와 내위에 임 하시니라.

(겔 8:3)

그분의 손의 형체로 나를 잡으시매 그영께서 나를 땅과 하는사이로 올리시고...

(민 11:25)

모세위에 있던 영을 취해 칠십명의 장로들에게 주시니 ....주께서 그들위에 자신의영을 두시기를 원 하노라.

(사 42:6)

내가 네손을 붙잡고 너를 지키며 백성의 언약과 이방인들의 빛이 되게 주려니...

(마 12:28)

내가 하나님의영을 힘입어 마귀를 내 쫓으면 하나님의 왕국이 너희에게 임 하였느니라.

(누 11:20)

내가 하나님의 손가락으로 마귀를 내 쫓으면 하나님의 왕국이 너희에게 분명히 임 하였느니라.

(12) <계시>

*하나님은 자신의 성경기록을 열어 주시며 그 기록대로 완성 하시며 그 기록을 통해서 자신을 알게 하시는 것은 우리는 이 세상에서만 살아온 삶으로 는 그분을 알 수가 없기 때문이다.

그러므로 이 세상 의 상식이나 지식으로 이 성경을 풀지 못 하도록 하신 것이다.

많은 신학을 공부 하면 할수록 자신이 나서도록 되어 하나님의 영역에서 벗어나므로 하나님을 알 수가 없어 그 경륜이 없는 세상의 말을 하게 되어 있다.

(사 44:18)

그들이 알지도 못하고 깨닫지도 못하였나니 그분께서 그들의 눈을 닫으시고 그들이 보지 못하게 하시며 그들의 마음을 닫으사 그들이 깨닫지 못하게 하셨느니라.)

(사 29:10 ~ 12)

주께서 깊이 잠들게 하는 영을 너희에게 부어 주사 너희 눈을 닫으셨으며 그분께서 대언자들과 너희 치리자들과 선견자들을 덮으셨느니라.모든 환상 계시가 너희에게는 봉인된 책의 말씀들같이 되었나니 사람들이 학식 있는자 그것을 건네주며 이르기를 원 하건데 이것을 읽으라 하면 그가 이르기를 그것이 봉인되었으므로 내가 읽을 수 없노라 할 것이요.또 학식 없는 자 에게 건네주며 이르기를 원하건데 이것을 읽으라 하면 그가 이르기를 나는 학식이 없다. 하리로다.)

*이렇게 성경은 봉인된 것임으로 아무나 성경을 배워서 또는 열심히 연구해서 되는 것이 아님을 다시 밝혀 둔다.

(요일 4:5)

(그들은 세상에 속해 있으므로 그들이 세상에 대한 말을 하면 세상이 그들의 말을 듣느니라")

*따라서 성경이 달리 보임은 참으로 신기 하며 정신을 차릴수 없이 파고 드는 것이다.

창세기에서 요한 계시록 까지 그 비밀이 풀림은 더욱 흥분되는 사건이다. 물론 성령의 능력이 창출되는 것 이다. 나중 다른 사람과의 대화에서 특히 신앙적 인도자와 대화에서 몹시 당황 하게 된다. 나는 이렇게 보이는대 다른 사람은 그렇게 보이지를 않을 까? 하고 의아하게 된다

(창 1:2)

땅은 형태가 없고 비어 있으며 어둠은 깊음의 표면위에 있고 하나님의 영은 물들의 표면 위에서 움직이시니라"

*하나님의영은 물위 표면에서 운행 하실까?하나님의영이 물속에는 안 계시나 하고 의아 할수도 있다. 물속과 물위는 무엇을 의미 할까? 처음부터 이렇게 미리 표현 하신 것은 침례를 말함이다. 물위로 나온 사람이 물속에서 죽음을 통과한 후에 물위에서의 삶에서 하나님이 활동 하시는 것이다. 이스라엘의 홍해를 통과한 침례도 같은 맥락 이다.보이는 형태를 안 보이는 형태로 인도 하시는 하나님의 방식인 것 이다. 누구도 하나님의 계획과 미래를 도전 하면 안 되는 것이다. 그러나 여기서 주의 할 것은 무슨 꿈에서 보여 주셔서 소리가 들려서 등 성경이외에 어떤 계시는 그 증거나 기준이 없이 개인으로 나타남은 이미 모든 것을 보이시고 계시로 열어 주시는 이미 한 말씀의 기록을 다시 바뀌이는 형태는 없는 것이다.바울 사도는 자신을 하나님이 미말에 두셨다 함으로 그 이후에는 그런 계시는 없는 것 이다.

(13) <연합, 접촉>

먼저 우리는 세상 의 영과 연합 ,접촉 되어 있음을 확실히 알아야 한다. 잘 모르겠다면 복음에서 벗어난 것 이다.

따라서 우리는 하나님의 영 그리스도의 영 성령과 연합 즉 접촉 되어 있어야 한다. 특히 예수 께서 오셔서 그 부분을 말씀 하셨을 때 제자들과 유대인들은 모르고 있었든 것 이다.

(마 9:20)

열두해 동안 이나 혈루증을 앓던 한 여자가 그 분 뒤로 와서 그 분에 옷 단에 손을 대니 이는 그 녀가 속으로 이르기를 내가 그 분에 옷에 손을 대기만 해도 온전 하게 되리라".하였기 때문이더라.그러나 예수님께서 돌이켜 그녀를 보시며 이르시되 ,딸아 안심하라.'네 믿음이 너를 온전 하게 하였느니라."하시니 그 여자가 그 시각부터 온전하게 되니라.

*여기서 우리는 예수님과 접촉이 필히 필요한 것 이다.즉 예수님을 만나서 연합한 적이 없으면 부활 할 수가 없는 것 이다.또 부활 후에도 계속 연합은 필요한 것 이다. 다시 말하면 그 분과의 연합만이 살길이다. 이 사실을 안 여자의 믿음을 알고 고쳐 주신 것 이다.

그리고 우리는 그 분이 주신 빵과 포도즙으로 한 몸으로 연합된 사실을 잊었는가? 더욱이 연합된 접촉된 상태로 십자가에 함께죽고 함께 부활시킴은 아버지 하나님의 권한인 것이다. 그러나 실은 우리는 부활시킬 자격이 없다.

그리스도의 감추어진 품안에서 함께 부활시킴을 잊지 말아야 한다.

또한 그리스도의 영과 연합한 자는 그리스도와 한 몸이다. 그 몸은 성전 된 몸으로 성전 안에는 주인된 그리스도가 머리로 계셔 그 분은 그래서 자신이 머리둘곳이 없다고 말씀 하신 것이다. 이 비밀은 창2장에도 남자가 자기 아버지와 어머니를 떠나 자기 아내와 연합하여 그 들이 한 육체가 될지니라."

*우리 삶의 창조자 이신 하나님은 처음부터 이 계획으로 영원한 세계의 출발과 완성의 목적이 있으신 것이다. 즉 아버지와 어머니의 역할에서 떠나 우리와 한 몸된 영 으로 새로운 세상을 꿈 꾸신 것 이다. 하나님의 영 그리스도의 영 성령으로 삼위 일체인 그분의 연합으로 살아갈 것 이다.

(14) <선악과>

(창 3:6)

여자가 본즉 그 나무가 먹기에 좋고 눈으로 보기에 아름다우며 사람을 지혜롭게 할 만큼 탐스러운 나무이므로 그 열매를 따서 먹고 자기와 함께한 자기 남편에게도 주매 그가 먹으니라.

*창조 당시는 하나님의 명령으로 만 살았으나 사탄의 유혹으로 선택의 기로에서 자기의 선택은 보기에 먹기에 또한 지혜롭고 탐스럽다는 것을 택한 것이다.

지금도 마찬 가지이다. 어느 누가 이에 반하는 것을 택할 사람은 없는 것이다.온 세상이 다 이길로 가는 것이다. 그러나 그 종착역은 하나님의 목적지가 아닌 것이다. 따라서 이 세상살이는 자기가 선택하여 좋은 길이라는 것은 하나님과는 반대의 길로 가는 것이다. 이 눈이 다시 떠지는 것이며 하나님이 열어서 보여 주시는 것 즉 계시인 것이다. 그리고 장님 이였던 우리는 보이는 것을 말 하는 것이다. 소돔 고모라성은 멸망한 성 으로 롯이 살았던 곳 이다. 아브라함과 같이 살다가 목축의 문제로 자기가 보기에 물이 풍성 하고 넓은 초원으로 목축업에 조건이 좋은 곳으로 택 하였으나 역시 그곳에는 사람들의 죄가 만연하여 롯이 견디기 힘들었든 곳이다. 믿음의 아브라함을 떠난 결과는 멸망이였다. 불편하고 힘들더라도 우선순위 가 바뀌인 것이다. 역시 보기에 좋고 지혜롭고 탐스러우면 유혹에 넘어 가는 것이다. 자기가 택 하는 길은 하나님의 순종이 아닌 것 이다. 그러나 이 훈련은 본성의 신자는 불가능 한 것이다. 단지 성령이 있는 거듭난 사람만이 피할 길이 있는 것이다. 성경에 기록을 따라 가기만 하면 되는 것 이 아니다. 자신이 왜 이렇게 벗어나지를 못 하는지를 모르는 것 이다. 즉 성경은 다시 말하지만 공부하여 배우는 것이 아니라 눈이 떠진 우리가 보이는대로 확인하며 보여주시는대로 시야가 넓어지며 시행하여 완성으로 이루어지는 것 이다.

또한 온 세상은 보이지 않는 이 바퀴 안에 돌아 가는 것은 당연한 것이다. 그러므로 우리는 그들을 이해하며 지적할 필요가 없는 것이다.

(15) <죄의 지적>

(요 16:8)에 성령이 오시면 죄를 꾸짖는다는 말씀이 있다. 실지로 말이나 행위로 지적을 하시는데 특히 말을 실수로 하드라도 감정을 표현 하는 순간이나 잘못을 하지 않드라도 평강이 깨지며 세상에서 보기에는 별일이 아닐지라도 지적을 받게 된다. 그만큼 예민해지며 특히 양심이 더욱 밝아져 처음에는 몹시 불편 하다. 선한 양심과 악한 양심이란 세상 양심과 거듭남 이후에 양심이 다르다 .또한 판단의 기준이 세상과 달리 세상에 보기에는 아무 일도 아니라는 표현을 하나 우리에게는 말과 표현을 하지 못 하는 순간이 많다. 가장 민감한 부분은 역시 죄가 정죄로 확인 될 때 몹시 괴로운 것이다. 세상적인 기준으로 보는 죄가 아닌 영적으로 보는 죄인 것이다.

(엡 6:12)

우리는 살과 피와 맞붙어 싸우지 아니하고 정사들과 권능들과 이 세상 어둠의 치리자들과 높은 처소들에 있는 영적 사악함과 맞붙어 싸우느니라.)

*영적인 싸움이 시작 되는 것이다. 어느 영의 정사와 권능에서 하나님의 영의 순종이냐 어둠의 치리 자,곧 세상 영의 순종 이냐 에 달려 있는 것이다. 이 영적인 순종은 여기서 끝나는 것이 아니라 세상 영은 본능적으로 숭배를 인도함으로 열심과 봉사로 어떤 대상을 만들어 놓고 입으로는 하나님을 부르며 택한 것은 우상숭배요 음란이다. 마치 남편 있는 여자가 다른 남편을 택 한 것 과 같고 순수하고 정결한 처녀가 다시 더럽고 부정한 다른 남자를 따라 가는 것 과 같다. 그러므로 죄는 항상 죄 의식에 접 할수 있도록 경계를 늦추면 안 되는 것이다. 단번에 점령 되지 않고 조금씩 적을 물리치는 승리를 성령의 도움으로 맛보는 것이다.혹 임으로 남에게 피해를 짓게 되면 거의 같은 수준의 배상으로 손해를 보는일이 일어난다. 결코 그냥넘어가지 않는 것을 볼 때 더욱 두려워 진다.

(민 7:22)

주 네 하나님께서 그 민족들을 네 앞에서 조금씩 조금씩 쫓아내시리니 너는 그들을 한 번에 소멸시키지 말라. 네게 들짐승이 불어날까 염려하노라. 이 죄와의 싸움은 온 머리에서 발끝가지 전심으로 하나님께 매달리는 전적인 순종이 아니면 어려운 과제 이므로 만반에 전투태세가 경험과 한 영안에서 협력과 소통과 교제가 필요하다. 혼자 있는 상태는 적에게 노출되어 죽기가 십상이므로 절대로 그리스도의 피난처인 성전에서 떠나면 안 되는 것이다

(16) <대인 관계>

*서서히 사람들의 관계가 멀어지게 된다. 동조하며 어울림이 없어 친구도 지인도 동행 하지 못 하는 관계로 떨어져 나가는 홀로서기가 시작된다. 이로서 세상과의 분리되어 나그네라는 말씀을 실감하게 된다. 즉 하나님의 백성과 맘몬의 백성이 나 뉘이게 되는 것이다.

사람 속에 있는 영이 세상적인 대화로 갈 때는 별 반응이 없다가도 영적 대화 나 교회문제나 성경이야기나 나오면 이상 하리 만치 알아보는 것 같다.심지어는 말을 하지 말아달라고도 한다. 가족안에서 일어나는 분리 상태는 참으로 가혹하며 집안에 원수가 따로 없다. 특히 죄 사함을 받은 사람은 여덟 마리가 자리 잡고 대항 함으로 치열한 전투가 벌어진다.참으로 안타깝지만 서서히 만성이 되어 어쩔도리가 없다.

(17) <하나님의 보호>

필자의 경우 여러번 실감함은 처음에는 우연에 일치이겠지 하였으나 많은 위험한 고비에도 부상이나 찰과 상도 없이 보호 받고 있다는 사실에 더욱 놀라게 된다.

(베전 1:5)

너희는 예비된 구원에 이르도록 믿음을 통해 하나님의 권능으로 보호 받고 있느니라.

*여기서 우리는 하나님이 주신 영적인것과 육체도 또한 완전함에 이르도록 기록을 수행 하시는 하나님의 능력으로 보호 받음은 구원을 완성 하기 위함이라는 것 이다.

우주를 창조 하신 하나님은 창조의 목적이 있으므로 그 목적의 계획이 있고 미리 정 하신 예정 대로 하실 것을 미리 성경기록 대로 우리에게 보여 주시고 그 성경을 아무나 보고 그길을 가도록 허락지 않으시고 자기의 영을 받은 자에게 상속과 영원한 삶의 코스를 밟아 완성케 하심을 바라는 것이다. 그리하여 하늘에나 땅에서 통일 하려 하심이라.

(엡 1장 8절 ~ 10)

그 은혜안에서 그분께서 우리에게 모든 지혜와 분별을 넘치게 하사 친히 자신 속에서 작정하신 자신의 기쁨을 따라 자신의뜻의 신비를 우리에게 알려 주셨으니 이것은 충만한 때에 경륜안에서 친히 모든 것 곧 하늘에 있는것들이나 땅에 있는 것들을 그리스도 안에서 즉 그 분안 에서 다 함께 하나로 모으려 하심이라."

*그렇다면 하늘과 땅의 것들이 다르다는 것 이다. 하늘의 것을 땅의 것으로 이해 하고 받아드릴수는 없는 것임으로 그분의 영의 인도와 계시로 보여 주시고 깨달음의 연속으로 훈련으로 변화가 필요한 것 이다. 따라서 거듭난 그리스도인은 세상인과는 다른 사람인 것 이다.

성경기록이 달리보이는 것 자체도 보이는데로 모이는 것이 교회라는 그리스도의 몸으로 표현 한다면 예수님을 부르는 입은 같을지라도 그리스도가 다른 것이다. 온 세상이 하나님을 부르나 신이라는 이름에서 명칭은 같을 지라도 참 하나님은 아닌 것이다. 한 부모에서 태어난 형제라도 에서와 야곱처럼 지금에 와서 영적 으로 다른 형제인 것이다. 한 이스라엘에서 도 두 분류로 나뉘이는 것처럼 모두다 유대인은 아닌 것이다. 결국 우리도 하나님의 백성이냐 아니냐로 운명이 갈림을 명심 하여야 할 것 이다. 따라서 성경이 달리 보이는 것으로 서로 비방한다고 해서 또한 하나님의 보호도 서로 자신들도 보호가 있다고 한들 결국은 서로 다른 운명에 길을 갈 것이다.

죄 사함 역시 모두다 용서를 받았다고 하는데 어느것이 확실한지는 목소리가 크거나 많은 숫자가 옳다고 할 수는 없는 것이다. 결국 하나님이 인정 해주는 것이 최종 답일 것이다. 그리고 결국은 이 땅에서 구별의 한 방법은 열매 이다. 그 열매에서 또 분리됨은 그 열매의 기준을 세상에다 두느냐 하늘에다 두느냐 이다.

(누 13:24 ~ 27)

좁은 문 으로 들어 가기를 힘쓰라 많은 자들이 들어가기를 구 하여도 능히 들어가지 못 하리라. 집 주인이 한번 일어나 문을 닫으면 너희가 밖에 서서 문을 문을 두드리기 시작 하며 이르기를 주여 주여 , 우리에게 열어 주소서 ,하여도 그가 너희 에게 응답하여 이르되 나는 너희가 어디에서 왔는지 알지 못 하노라 ,하리라.그때에 너희가 말하기 시작 하여 이르되 우리는 주 앞에서 먹고 마셨으며 주 께서 우리의 거리에서 가르치셨나이다. 할 터이나. 그가 이르되 내가 너희에게 말하노니 ,나는 너희가 어디에서 왔는지 알지 못 하노라.불법을 행 하는자들아 .너희는 다 내게서 떠나라 하리라.

*좁은 문이란 ?

(마 7:13 ~ 14)

너희는 좁은 문 으로 들어가라"멸망으로 인도하는 문은 넓고 그 길이 넓어 거기로 들어 가는자가 많고 생명으로 인도하는 문은 좁고 그 길이 좁아 그것을 찾는 자가 적으니라."

이 말씀을 인용하여 서로 주장하면 이 또한 분별하기가 어렵다. 그러나 먼저 간략 하자면 찾기가 어렵고 설사 그 길을 찾았다 하드라도 어렵다는 것이다. 스스로 생각 해보라! 내가 먼저 교회를 찾았을 것이고 복음에 말씀을 들었을 것이다. 그 내용과 교리로 배움을 받아 신앙 생활을 했을 것 이다. 그 곳에서 결론을 내려 이상이 없다고 판단함 으로 의 시간이 흐를수록 교회내에서 위치와 드린 공노가 있을 것인데 그곳을 거부하며 잘못됨으로 다시 다른 예수님을 찾는길을 갈것이가? 설사 이 탈 했다 하드라도 대게는 교회의 비리나 불만으로 나와 또 하나의 교회를 차리는 것이지 다른 예수님을 찾는사람은 과연 얼마나 될까? 그리고 그 시간의 경과는 많은 세월과 홀로 무슨 방법으로 찾는다는 것인가.

그리하여 예수님이 말씀 하시기를

(마 7:7 ~ 8)

구 하라 찾으라 두드려라, 그러면 너희에게 열릴 것이니 구 하는 자마다 받을 것이요 찾는 자마다 찾을 것 이요 두드리는 자에게 열리 것이니라."

*여기서 주의 할 것은 내가 찾는 대상이 내맘에 드는 교회를 찾고 구 하고 두드리는 것 이아님을 명심 하여야 한다. 절대로 찾을 대상은 주님인 것이다. 지금은 성령 시대 이므로 성령 이신 예수 그리고 아버지 하나님을 찾아야 하는 것이다. 성경을 보거나 자신을 보거나 교회를 보거나 이상이 있다고 생각 하면 즉시 다시 찾아야 한다 , 결국은 찾을수 있는 기회를 주신다는 것이다. 그것도 못 찾는 사람이 많다는 것이다.

이 현실이 얼마나 고되고 힘 드는 지를 모를 것이다.마치 한 마리

양이 주인을 찾아 헤매다가 만나는 것이다.이처럼 99마리 양 보다 주인을 잃어 헤매는 한 마리 양은 결국 주님이 만나 주시는 것이다. 말씀을 먹지 못 하는 배고품과 외로움과 비 바람과 추위와 어둠속에서 헤매는 삶이 였다.

(18) <복음의 시련>

(빌 1장)에보면 복음 으로 인한 그리스도인의 실행이 있다.

복음안에서 교제가 있어야 하며 복음으로 나오는 행위가 있어야 한다. 또한 한 영안에 굳게 서 있는 모습과 복음에 속한 믿음이 나와야 만 한다. 즉 대적 하는 자들로 인하여 무서워하지 않는 것 이다.이것 으로 명백한 증표가 하나님의 증표 이다. 그 문제로 인하여 고난당 하는것도 그분께서 주신 것이다. 이 싸움은 바울 사도나 우리나 같은 것이다. 이것이 없다면 그는 복음으로 나온 거듭난 구원 받은 사람이 아니다.교회에서는 간증이라고도 하여 말씀 이나 생활에서든 간증이라는 기회가 있다. 그러나 복음의 간증은 필요 하다. 또 형제 자매들이 자신들의 경험을 말 하는것도 도움이 된다. 모두 그 사람을 하나님앞에 세우는 일에 협력하여 선을 이루는 것 이다. 선이란 하나님의 일이 라고도 할 수 있다. 이것은 결국 자신과 하나님과의 사이에 일어난 실체를 말 함으로 하나님의 은혜를 감사로 올리며 하나님을 기쁘게 하는 것이다. 누가 자신에게 은혜를 주신분을 어물정 넘어감은 합당치 않으며 하나님의 계획의 실행은 영광과 감사와 존귀함으로 표현 함이 당연한 것이다. 또한 자신에게 배풀어 주신 것은 상속과 같은 것 으로 정확 하고 하나님의 은혜를 가슴 깊이 새기며 또한 다른 영과의 침입의 방지와 명확한 고백으로 빼앗지 못할 하나님앞에 선언이 되는 단계인 것이다. 그리고 같은 형제자매 즉 그리스도의 몸으로 연결되는 같은 핏줄로 여기는 순서인 것이다. 성령이 들어와 같은 몸의 통치와 가르침과 하나님앞에 세우는 영광이 되도록 하는 한몸으로 출발함으로 정말 중요하다. 그리고 이 결정은 누가 다른 언급을 할지라도 하나님이 자신에게 일대일로 같은 교제가 시작 되어 피로 이어진 몸의 구성체가 되는 것 이다. 그리고 이 말씀으로 깨달음은 계속적인 다음의 깨달음으로 이어지는 변화가 오는 것이다.정말 주신 것으로 요동치 않는 즉 좌로나 우로나 흔들림이 없이

지킴이 필요하다. 따라서 충돌이 다른 복음과 시작 되고 그 능력이 강렬하다. 이 복음으로 복음의 깨달음은 정확 하고 예민하며 구원이라는 원천이다.

(19) <열림>

(마 20:30 ~ 34)

눈먼 두사람이 길가에 앉아 있다가 예수님께서 지나가신다는 말을 듣고 소리를 지르며 이르되 오 ! 주여 ,다윗의 자손이여 우리에게 긍휼을 베푸소서 ,하더라. 예수님께서 부르시며 무엇을 원 하느냐?

주여 우리에게 눈을 열어 주소서 ,하매 예수님께서 그들을 불상히 여겨 그들의 눈에 손을 대시니 그들의 눈이 즉시 시력을 받고 그들이 그분을 따르니라."

*여러분과 나는 원래 장님이 였다는 사실을 모르면 안되는 것이다. 눈에 세상 껍질이 가로 막아 세상의 눈은 열리고 하나님의 세상의 눈은 닫혀 있어 보이지를 않았다는 사실을 아는가? 세상살이는 누구보다 더 밝히 보려고 애를 섰으나 영의 세계 는 보이지를 않았던 것이다.예수님을 만나는 길에서 간절히 보기를 원 하는 사람만이 보이게 열어 주시는 것 이다.보이지 않는 사람을 가르쳐서 그 형태를 만지게 하고 능숙히 살아가는 법을 가르치는 오늘날 신앙 생활을 말하는 것이 아니다..영이신 하나님의 세계는 주님의 손 즉 영이 나의 볼수 있는 나의 영에 마주 결합 되었을 때 열리는 것 이다. 그것을 성경에서 이르는 계시를 말 함이다. 그리고 눈이 열린 그 사람은 보이는대로 말 하는 것 이다. 안 보이는 사람과 보이는 사람의 충돌은 자신이 보이는 대로 말 함으로 일어 나는 것 이다.

영의 세계의 시작으로 볼수 있다. 또한 계속해서 열어 주시는 깨달음의 연속인 것 이다.그 상태의 열림과 길을 찾아가 도록 인도 하시는 것이다. 성경의 거의 대부분은 이 영에 대해 직접 우리 안에 상속해 주심으로 이 영을 소유했느냐 ? 안했느냐 ? 의 주님의 계획으로 완성하시므로 끝이 나는 것이다. 고로 사탄은 이 방해 공작으로 비슷한 작품으로 대안을 제시 하여 혼란을 줌으로 결국 자신을 지지 하도록 하나님과의 견주는 전쟁이라고 할수 있다. 그러나 하나님은 모두다 아시므로 그 사탄과 함께 추종자들 즉 속은 자들을 지옥에 멸 하시는 것 이다. 또한 성령으로 인도함을 받아 얼마나 이 세상에서 이기는 승리를 요구 하시는 것 이다.이것이 지금 믿는다는 신자들의 삶은 정말 너무나 쉽고 편한 넓은 문이다. 그 반대로 좁은 문은 고난이 동반 되는 것 이다. 그러나 하나님이 계속적으로 지키시며 보호 하시고 그 속에서 평강을 주시므로 새로운 사람으로 하나님의 백성으로 아들로서 의 상속을 받도록 순종을 요구 하시는 것 이다.

(20) <피 조사>

(계 17:1 ~ 6)

많은 물들 위에 앉은 큰 음녀가 ....한 여자가 신성 모독하는 이름들로 가득하고 ... 그 여자가 성도들의 피 와 예수님의 순교자들의 피에 취하였으므로 내가 그 여자를 보고 크고 놀라며 이상히 여기니 ,)

(시 9:12)

그분 께서 피에 대하여 조사 하실 때에 그 들을 기억 하시리니 ...)

*모든 교회가 예수 그리스도의 피를 주장하며 엄숙하게 분이기를 이끌면 감히 거룩하신 그리스도의 피에 대해 의심할 수가 없다. 그러나 여기 사탄이 마지막에 사람으로 출현하는 적그리스도의 시대가 올 때에 그 역시 피를 이끌어 올림으로 피에 대해 아주 취할 정도 이다. 그러나 그 음녀란 사탄이다. 그러므로 피를 외친다고 그 그리스도의 피가 아니라는 것이다. 다만 그 피를 이용하는 희생을 강요 하며 적그리스도에게 속는 것 이다. 지금도 만일 희생 제물로 양이나 염소의 피로 속 제함을 받았다면 그 피를 신성시 하며 그 피를 감사하며 우상화 할 것 이다. 피를 주장하며 그 피로 구속 속죄함을 받은 것으로 신성시 하면 슬그머니 죽은 자의 부활에 참여 하는 그리스도의 피는 약성으로 숨겨지는 무서운 속임수 인 것 이다.

(21) <영의 전쟁>

그리고 영의 상속 즉 성령의 내주함은 없이 그저 성령이 오셨다고 하는 기가 막힌 복음으로 넘겨 다들 성령이 계시다고 한다. 그러나 성령은 자신이 스스로 인정하는 실체가 경험될 때 그 경험으로 다른 길을 가게 됨으로 그 실체가 없는 사람은 성경 구절만 가지고 인격체라하고 말씀 이라하고 양심의 작동이라고 죄를 가르친다는 둥 .성경 구절만 나열 하지 실지로 동행하는 내용을 모르는 것 이다.동행하여 이루어지는 사실이 없다는 것 이다.

(요일 4:1 ~ 6)

사랑하는 자들아 영을 다 믿지 말고 오직 그 영들이 하나님께 속하였는가 그것들을 시험 하라.이는 많은 대언 자들이 세상에 들어 왔기 때문이라. 이로서 너희가 하나님의영을 알라 곧 예수그리스도께서 육체 안에 오신 것을 시인하는 영 마다 하나님께 속하였으며 예수 그리스도께서 육체 안에 오신 것을 시인하지 아니하는 영마다 하나님께 속 하지 아니 하였나니 이것이 적그리스도의 그 영이니라 그것이 오리라는 말을 너희가 들었거니와 그것이 이미 세상에 있느니라. 어린 자녀들아 , 너희는 하나님께 속 하였고 또 그들을 이기었나니 이는 너희 안에 계신 이가 세상에 있는 그 보다 더 크시기 때문이라. 그들은 세상에 속하였으므로 그들이 세상에 대한 말을 하면 세상이 그들의 말을 듣느니라. 우리는 하나님께 속 하였은즉 하나님을 아는 자는 우리의 말을 듣고 하나님께 속하지 아니 한자는 우리의 말을 듣지 아니 하나니 이로써 우리가 진리의영과 오류의영을 아느니라.“

*영의 내주는 가장 중요한 사항이다. 다윗이 언약궤가 들어오던 날 발가벗고 춤을 추는 것은 지금에 성령이 내안에 계시다는 것과 같다. 당신은 이 사실을 확인한 적이 있는가. 그저 목사가 그렇다고 하더라, 와 성경에 그렇게 써 있더라는 , 무엇을 모르는 것 이다.이마에 인을 맞는 것 이며 아들이라는 증거 이며 하늘나라에 들어가는 조건

이며 세상 사람과 다른 사람으로 출발하는 하나님의 사람이며 의인이며 영원한 생명이 있어 영원히 사는 확증이며 거듭난 사람이며 하나님이 보호 하시고 기르시는 아들의 수업을 받는 자격이다.그 증거 또한 하나님은 크시다는 말은 위대하시며 홀로 영광을 받으시는 진리의 자체이시며 거룩하시어 이 세상의 존재 가치를 재 정립 하시는 분이시다.어느 누구도 도전이 불가한 완전한 분이시다.우리가 헤쳐 나가야할 모든 이 세상에서 문제를 이분으로 통하여 이루는 것이다. 죄를 이기고 세상을 통치하고 즉 끌려 다니지 아니하고 흔들리지 않고 온 세상에 이치와 가치관을 다시 세우는 순간이 시작 되는 것 이다. 우리 안에 구석구석을 다시 청소 하듯 깨끗하게 비우고 빛이 들어와 모든 어둠이 들어나며 밝게 빛나는 것 이다.우리 스스로도 어둠에 일을 몹시 싫어 하고 더러운 옷과 지저분한 모습이나 모양도 거부하며 밝은 성격의 소유자로 부드러운 인품으로 변화 시킴은 하나님의 품성으로 그분인 그 성령이 인도 하시며 때로는 책망 하시고 일으키시고 우리를 기르신다. 이사실을 인지 하고 감동하며 그분을 찬송과 찬양으로 또 한 동행하며 여쭙는 믿음으로 즉 그리스도가 하신 믿음으로 따라갈 때 나 자신이 다른 사람과 다르다는 놀라운 현실이 더욱 충격적인 것이다. 이상하게도 말을 하면 다른 사람과 다르다는 사실은 서서히 들어 나지만 태어난지 얼마 안된 어린아이 같은 신자가 이 사실부터 알아 승리 하는 영으로 세상 영 으로부터 분리되고 죄로부터 해방되는 순간으로 시작 하는 것에 더욱 감사와 영광을 하나님께 드리게 된다. 하나님의 신자라며 대화를 해보면 거의 외적인 것을 시작으로 하는사람들은 어느교회이냐? 어느재단이냐? 어느목사가 유명하며 직책이 무엇이라 하며 성경공부와 교회 일정이나 숫자를 들먹이는 등으로 전혀 보이지 않으므로 세상에서 보이는 말을 하는 신자는 눈이 보이지 않는 말을 하게되는 것이다.하나님이 사람을 보지말라는 말씀의 뜻도 경험하지 못 하고 사람은 외모를 취하는 것이다. 한마디 추가 하자면 이 세상에서 유리한 상태를 가지고 있는 사람은 하나님을 받아드리기 어려운 조건이라고도 볼 수 있다. 오히려 불리한 조건의 사람이 더욱 하나님을 찾는 수가 많은 것이다.

(22) <양심으로 섬김>

(히 9:13 ~ 14)

황소와 염소의 피와 암 송아지의 재를 부정한 자에게 뿌려 육체를 거룩히 구별 하고 정결하게 하거든 하물며 영원하신 성령을 통해 자신을 점 없이 드린 그리스도의 피가 죽은 행위로부터 너희 양심을 얼마나 더 많이 깨끗하게 하여 살아 계신 하나님을 섬기게 하겠느냐?

(히 9:8 ~ 10)

이로써 성령님께서 표적으로 보여 주신 것은 첫째 장막이 서있는 동안은 지성소로 들어가는 길이 아직 드러나지 아니 하였다는 것이라. 이 성막은 현재 곧 이때 까지의 모형 이므로 그 안에서 예물과 희생물을 드렸어도 그 것들이 양심에 관한 한 섬기는 자를 완전하게 하지 못 하였나니 이 성막은 단지 먹는것과 마시는 것과 여러 가지 씻는 것과 육신에 속한 규례들로만 유지되어 개혁의 때까지 그 들에게 부과 되었느니라.

*하나님에게 드리는 제사도 형식을 취해 이스라엘이 제사로 드림은 결국 성령을 통해 더 많이 깨끗하게 한 양심으로 드림이 지성소로 들어감이 하나님의 바램이라는 것이다. 결국 양심도 성령이 오시기 전에 양심은 부족하고 미약한 상태라는 것이다. 그것에서 벗어나 새롭고 더 깨끗한 양심은 그 후에 일어 나는 것 이다.

이것을 주님이 내 안에 오시기전 양심은 악 한 양심이라는 것이다. 즉 세상 신 과 합작 양심은 선한 하나님의 양심이 아닌 것 이다.이것은 마치 선명하며 밝은 빛이 들어 온 것처럼 투명한 것이다. 또한 이 양심은 마치 하나님의 창처럼 다 들여다 보이는 것을 어둠으로 덮이면 죄의 유혹으로 들어가기 쉬우므로 더욱 깨끗이 닦아야 할 것 이다. 이 양심은 우리가 완성해 가는 과정에서 더욱 나를 깨끗게 함으로 주님의 형상에 형태를 갖추어가는 하나님의 방법인 것이다. 보이지않는 곳에서도 자연스럽게 행해지는 양신의 행위가 이루지는 것이다.

(23) <이웃사랑>

(누 10)

어떤 율법사가 선생님이여 내가 무엇을 하여야 영원한 생명을 상속 받으리까? 하매 율법에 무어라 기록되어 있느냐? 너는 어떻게 읽느냐?" 하시니 그가 대답하여 이르되 " 너는 네 마음을 다하고 혼을 다하고 생각을 다하여 주 네 하나님을 사랑하고 "네 이웃을 네 자신과 같이 사랑하라" 하였나이다." 네가 옳게 대답하였도다."이것을 행하라 .그리하면 네가 살리라."하시거늘. 그러면 내 이웃이 누구이니이까? 하니 예수님께서 대답하여 이르시되 " 어떤 사람이 예루살렘에서 여리고로 내려 가다가 강도들을 만나매 그의 옷을 벗기고 그에게 상처를 입혀 그를 반쯤 죽이고 떠나 갔느니라."

마침 어떤 제사장이 그 길로 내려오다가 그를 보고는 다른 쪽으로 지나가고 또 이와 같이 한 레위도 그를 보고는 다른 쪽으로 지나가되 어떤 사마리아 사람은 여행을 하다가 그가 있던 곳에 이르러 그를 불쌍히 여겨 그에게 가서 기름과 포도즙 붓고 그의 상처를 싸매며 그를 자기 짐승에 태워 여관으로 데려가 돌보아 주고 이튿날 떠날 때에 이 데나리온을 꺼내 주인에게 주며 그에게 이르되 그를 볼보아 주라 . 당신이 얼마를 더 쓰든지 내가 다시 올 때에 갚으리라." 하였느니라. 누가 이 세 사람 중에 누가 강도 만난 자의 이웃이라고 생각하느냐? " 하시니, 그가 이르되 그에게 긍휼을 베푼 자니이다."하매 이에 예수님께서 그에게 이르시되 너도 그와 같이 하라"하시니라.

*여기에서 강도를 만난 자는 우리이며 그 동안의 신앙생활에서 만나서 의지 했던 인도 자들은 나 에게 성령으로 거듭나게 하는 치유로 살아나지를 못 한 상태로 그대로 죽을 수밖에 없었던 운명이 였다. 여기서 율법사는 가르치는 자로 레위는 하나님을 섬기는 방법을 제시 했을 것이다. 예루살렘에서 예배를 마치고 여리고로 다시 돌아가나 여리고로 돌아가는 길은 우리에게는 늘 불안하고 위험한 기다

림이 있는 세상인 것이다.사탄의 위험이 도사라고 있는 곳 에는 다른 방법이 없는 것 이다.오직 예수님을 만나야 만이 살길이 있는 것 이다. 다시 오신다는 말씀으로 우리를 자신의 몸된 교회에서 그분이 주신 준비된 여비 와 같은 보호로 그 주인에게 맡기고 가신 것 이다.그러므로 그 여관에서 완전히 치유와 보살핌이 없었다면 그곳은 주님이 맡기신 여관이 아닌 것 이다.

(렘 8:11)

그들이 내 백성의 상처를 조금 고쳐 주고는 평안이 없는데도 말하기를 ,평안하다 ,평안하다, 하였도다.

(렘 7:4)

너희는 이것들이 주의 상전이라, 주의 성전이라, 하는 거짓말을 믿지 말라.

(고후 11:4)

만일 누가 가서 우리가 선포하지 아니한 다른 예수를 선포하거나 혹은 너희가 받지 아니한 다른 영이나 너희가 수용하지 아니한 다른 복음을 받게 할때에 너희가 그를 잘 용납하는도다.

(딤후 3:5 ~ 7)

하나님의 성품의 모양은 있으나 그것의 능력은 부인 하리니 너는 이런 자들에게서 돌아서라. 이러한 부류 중에 슬그머니 집으로 들어가 미련한 여자들을 포로로 사로잡는 자들이 있나니 이런 여자들은 죄들로 눌려 있고 여러 가지 욕심에 이끌려 항상 배우나 결코 진리를 아는데 이르지 못 하느니라.“)

*예수 믿으면 천국 간다거나 우리 죄를 영원히 사 했으니 천국은 우리 것이라며 선포하는 복음은 너무나도 쉽게 받아 드리는 것이다. 지옥이라는 공포와 순종하지 않으면 처벌의 위험을 강조 하거나 말씀에 순종을 강조 하며 그 말씀은 목사의 말씀로 바뀌는 것 이다.하나님의 능력이라며 실은 명령의 법에 눌려 더욱 강요와 경쟁으로 인

도 함으로 교회에 충성을 받침으로 하나님의 아는 실지의 동행이 없는 것 이다. 여기서 미련 이라함은 하나님을 아는 동행의 믿음을 모르는 상태를 말한다. 즉 본능으로 하나님이 알아 주실 것 이라는 판단으로 더욱 열심히 공든 탑이 무너지랴? 라는 믿음인 것 이다. 더욱 면류관을 바라보며 전도나 충성으로 다가올 메달을 향해 돌진 하는 것이다. 그 예수는 다른 예수 즉 "나는 너희를 모른 다는" 예수인 것이다. 또한 진정으로 같은 동행을 하여 치유하며 보살피는 예수님은 진정한 우리 이웃인 것이다. 그 능력의 맛을 모르는 것은 자기 열심인 것 이다. 스스로 하나님의 능력을 자신도 모르게 부인하며 달려가는 것 이다. 이웃에는 형제 자매가 있다. 이 이웃은 하나님이 보시는 위치가 다르다.

*이웃사랑은 또 다른 이웃은 형제 자매를 말하는 것 인데, 왜 이웃이라 하며 형제자매라 할까? 부모가 같고 한 피를 받아 부모의 보살핌과 같이 공유하는 공간속에서 한공동체를 이루어 성장을 한 상태이며 끊어지지 않는 관계를 동기간 이라 하며 형제자매 라 칭하는 것이다. 이 세상에서는 자기라는 존재로 살아가며 문제를 일으켜 서로 돌아서는 관계로 끝나는 일이 있다. 그러나 그리스도가 머리이며 한 몸 안에서 연락 상합하여 같은 방향으로 진행 하며 먼저 태어난 그리스도를 중심으로 된 구성체는 하나님은 한몸으로 보심으로 이 연결을 사랑이 라는 신진대사 로 순환 시킴을 하나님은 정상적인 몸으로 보심으로 이몸의 모든 부분을 서로 이웃사랑 으로 보시며 자신을 사랑한 것으로 인정하는 것이다. 물론 현재 이웃에 살고 있는 이웃도 사랑으로 살고 이어져온 우리의 상태에서 애정으로 대함은 외부로 보이는 우리의 정제 된 우리의 익숙함에서 나온 것이다. 따라서 우리의 형재 자매는 마치 자기 몸을 돌보듯 아끼고 어루만져야 하며 성숙하고 하나님이 원 하시는 완전함에 이르도록 동반되는 동행이 있는 것 이다. 이 관계를 한 몸에 붙어 있는 구성체로 보심으로 이탈되어

몸이 안닌 서로 연결된 상태로 피와 살로 보시는 것이다. 또한 영원히 같이 살아야 하는 운명이며 또한 이 세상에서 같은 고난과 외로운을 공감하며 귀한 존재라는 의식이 나도 모르게 생기게 되며 대가없이 아낌없이 주는 마음이 생기게 된다. 구약성경에 이자를 받지 말라는 의미를 알게 되는 것이다. 또한 하나님은 이 상태를 정상적인 몸의 순환으로 여기는 것이다.

(마 12:46 ~ 50)

`그분께서 아직 사람들에게 말씀 하실때에 ,보라 그분의 어머니와 형제들이그분과 말하기를 바라며 밖에 서있더니 그때에 한 사람이 그분께 이르되 보소서 "선생님의 어머니와 형제들이 선생님과 말 하기를 바라며 밖에 서있나이다." 하거늘 그분께서 응답하여 이르시되 누가 내 어머니냐? 누가 내 형제들이냐? 하시고 손을 내밀어 자기 제자들을 가르켜 이르시되 내 어머니와 내 형제들을 보라! 누구든지 하늘에 계신 내 아버지의 뜻을 행하는 자곧 그가 내 형제요 자매요 어머니이니라,"하시더라.

*가족과 사이에는 문 안과 밖이 인데 주님과 같이 있는 사람은 형제요 자매요 어머니라는 관계 이라는 것 이다.

어떤 공간으로 예수님 즉 하나님, 성령과 같이 있어 하나님의 뜻을 따라가는 사이를 친족으로 하시며 피의 관계를 정립 하시는 것이다. 이것이 새로운 세계의 영적인 관계로 이어지는 세상인 것이다.

(24) <죽은 자와 산자>

(마 8:21 ~ 22)

~그 분의 제자들 가운데 다른 사람이 그분께 이르되 ,"주여 먼저 내가 가서 내 아버지를 장사지내게 허락 하옵소서, 하거늘 예수님께서 그에게 이르시되 나를 따르라 또 죽은 자들이 자기들의 죽은 자들을 장사지내게 하라.

*이 세상에서는 도저히 납득 하기 어려운 사항이다. 예수님의 말씀은 먼저 예수님과 함께 있는 사람은 산자 이며 세상 사람은 죽은 자라는 것이다. 죽은 자의 일은 이 세상 일이며 세상일은 버려지는 가치 없는 일이며 형식적일 뿐 더 이상은 사망이라는 운명의 미래일 것 이다.그러나 산자는 주를 따라야 하는 미래가 있는 것 이다. 따라서 우리는 죽은 자의 길과 산자의 길을 택할 순간이 닥아 올 것이다. 여기에 따르는 세상에서의 분리는 반드시 서서히 밝혀 질 것이다. 우리는 에덴동산에서 나올 때부터 죽은 자 이다. 죽은 자는 하나님의 생명이 없는 상태 인 영이 잠자듯 마비된 영으로 세상 영으로부터 이끌림을 받는 데로 움직이는 죽은 자 이다. 예수님을 몸을 통해 함께 부활함으로 세상 영으로부터 해방과 함께 새로운 몸으로 태어나 하나님의 영을 받은 새로운 피조물로 산자로 된 것이다. 그러므로 나는 이 세상에서는 죽은 자이며 하나님으로는 산자인 것이다. 그러므로 이 세상에서 죽은 자는 산자로 다시 나타나면 그는 돌이킬 수 없는 사망의 길에서 나올 수는 없는 것이며 사탄의 기다리는 밥인 것이며 자신이 다시 사는 것은 자신이 나타나는 것이다. 그는 정치나 국가의 정부를 사회적 정의감도 불평함도 지적도할수 없으며 사람을 판단하거나 하나님의 동의 없는 계획을 세우거나 감정이나 희롱이나 자기의 정욕 대로 하는 행동 모두가 다시 살아나는 것 이다. 특히 사람을 판단하는 것은 하나님이 하실 일이며 원수를 스스로 갚는것도 자신이 나타나는 것이다. 죽은자로 살아가는 일은 천사도 해보지 않은

길이며 우리의 고난의 새로운 길이다. 많은 훈련과 주님의 도움과 징계와 채찍이 필요한 것이다. 따라서 죽은 자의 길은 고난이며 인내가 더욱 절실하다. 또한 산자의 길도 성령의인도 로 하나님의 뜻대로 이루는 행위의 믿음으로 완성 하는 것이다.

(누 23)에 보면 두 강도가 예수님을 사이 두고 십자가에 달렸는데 한 강도는 예수님을 보고 그능력으로 자신을 십자가에서 내려 주는 구원을 요청 하고 다른 강도는 예수님과 같이 죽음을 택한 것은 세상에서 요구하는 믿음의 선택과 같은 것을 알 수가 있다. 우리는 자신의 죽음이 타당하다는 것을 모르면 예수님의 공로 로 죄를 용서 받고 구원 받는 길을 요구하는 것과 같다. 자신이 죽은 자로의 길을 택 하지 아니 하면 부활 할 때 성령즉 영이신 하나님의 영을 받을수가 없다. 이미 지나고 난후에 아무리 외쳐도 이미 늦은 것 이다.많은 사람들이 이후에 죽음을 외치는 사례를 볼 때 나는 같은 경우라 생각 했으나 주님이 그들 안에 역사함이 이루어지지 않는 것을 보고 성령을 부인 하는 즉 주저주저 하는 순간으로 부끄러운 상황을 연출 한 것이다.결국 우리의 운명은 죽음으러 시작 되는 것이다. 죽기를 두려워하면 자기 생명을 얻지 못 하는 것 이다.그리하여야 산자가 되는 것이다.

(마 16:25)

누구든지 자기 생명을 구원하려 하는 자는 그것을 잃을 것이요, 누구든지 나로 인해 자기생명을 잃으려 하는 자는 그것을 찾으리라."

*육체는 살아 있으나 자신이 라는 존재는 죽어 있으므로 자기라는 존재로 나타나서 자기가 살아서 있는 상태로 나서면 죽은 자가 아닌 것이다. 이 시련을 통과하기가 쉬운 것은 아닌 것 이다.

또한 세상에는 죽음을 부르짖는 교회가 있으나 그것을 착각하면 안되는 것은 자기를 죽여 죽은자로 세우는 것은 자살행위 이지 그리스도를 통해 죽은자로 인해 산자로 되는 것이 아니므로 아무리 강조 하드라도 이미 늦은것이며 죽은자의 삶이 이루어지지 않으며 죽어지지도 않음을 알아야 하는 것이다. 이 역시 하나님을 통하지 않고서는 불가능한 실체인 것이다.

(25) <부정과 긍정>

인간은 모든 상황 속에서 거치는 과정이 있다면 긍정으로 받을 것 인가 부정으로 받을 것 인가를 먼저 통과 후에 그 에 대한 판단속 으로 들어감으로 오해나 실수나 용서나 너그러움도 믿음도 일어나기 마련이다. 만일 유대인들이 예수님을 긍정으로 받아드렸다면 그 분을 미워하지 않고 십자가에 매달지는 않았을 것이다. 사도들은 그분의 말씀을 긍정으로 받아드림 으로 제자가 된것이고 우리의 복음도 긍정으로 받아드리는 사람은 구원이 이루어 졌을 것이다.이 얼마나 무서운 결과로 결정되는 것은 바로 영의 문제인 것이다. 성령을 가진자는 긍정으로 받아 드리며 이와 반대로 없는자는 부정으로 가는 것이다. 온 세상의 삶의 전부가 이것으로 판결나는 것으로 보아도 무리가 아닐 것이다. 사탄은 모든 받아드림을 먼저 부정적으로 즉 악으로 받는 것이다. 그러나 하나님은 긍정의 영으로 선으로 가는 것이다. 이 문제는 여기서 끝나는 것이 아니라 그리스도인은 순수하고 선하며 때로는 이것으로 당하는 역경이 찾아옴으로 고난으로 인내로 손실을 감내해야 할때도 있다. 거의 먼저오는 순서가 부정을 우리에게 안내함으로 항상 거부 하거나 주님을 부르면서 해결해야 한다. 예수님은 십자가에 가기전 까지 긍정으로 대하시는 장면은 참으로 거룩하심을 더욱 느끼며 우리들도 스스로 몸에 배는 것을 보면 하나님의 역사인 것이다.

(26) <자기라는 나>

그러나 참으로 어려운 싸움은 자기라는 존재가 없어져야 하는 죽어야 하는 것은 마지막 점검까지 따라 다닌다. 그럼 죽는다는 것은 무엇일까? 왜 ? 나는 나타 나면 안 되는 것인가는 ? 이미 복음에서 말했듯이 죽고 장사 되어야 사탄에서 벗어나며 새로운 상속에서 성령이 내재 할수있는 것 이다. 만일 다시 살아난다면 그야 말로 사탄이 바라는 바며 실족 하는 것 이다.지체가 머리로 위치 하겠다는 것이다.나 자신이 머리로 가서 내 마음대로 사는 것이다. 주님을 따라 순종 하여 지체가 머리이신 주님의 명령으로 살아가는 살아있는 성전의 완성을 파기 하는 것이다. 따라서 자기가 살아나면 전혀 주님의 형상에 모습은 없고 하나님의 바라는 미래가 없어 말이나 행위가 전혀 변화가 없는 옛 사람으로 돌아가므로 이미 늦은 것이다.절대로 내가 먼저 나서지 말며 사람을 따라 그의 의견이나 나의 뜻대로 하나님의 의식 없이 나서면 안 되는 것이다.특히 주의 할 것은 말에서 더욱 조심해야 한다.이것은 많은 노력과 끊임 없는 실수를 깨달음으로 다시 일어서며 승리로 이끌어야 한다. 따라서 나의 주장이나 판단 결정의 순간마다 주를 불러 사라지게 하여 주님의 주관을 바라는 것 이다. 이 또한 아무나 되는 것이 아니다.

(계 3:1 ~ 3)

내가 네 행위를 아노니 네가 살아있다는 이름을 가지고 있으나 죽었도다. 깨어서 남아있으나 죽으려 하는 것들을 강하게 하라. 내가 하나님 앞에서 네 행위가 완전함을 찾아내지 못 하였나니 그러므로 네가 어떻게 받았고 들었는지 기억하고 굳게 붙잡고 회개하라.그런즉 만일 네가 깨어있지 아니하면 내가 도둑 같이 네게 이르리니 내가 어느 시각에 네게 이를지 네가 알지 못 하리라.")

(27) <먼저와 나중>

우리는 살아서 움직이는 개체로 볼 때 그 방식이라는 형태가 육체를 유지시키는 자연적이며 본능적인 것으로 시행 되는 것도 있으나 먼저 생각 이 떠오르고 판단이 서고 내게 유리하다는 결론과 세상사람이 다 공감하는 방향으로 순간적으로 말을 하거나 행위가 따르는 것이 일반이다. 또한 차후 곰곰이 생각을 해서 내리는 결론 이라도 이 모두가 우리가 사용하는 삶이라 할수 있다. 그러나 살아 있는 영적인 우리는 이것을 무심히 넘기면 그것은 엄청난 오류를 범하게 된다. 예수님의 말씀을 들어보자.

(요 10:8)

나 보다 먼저 온자들은 도둑이요 강도이나 양들이 그들의 말들을 듣지 아니 하였느니라.'

(누 9:53 ~ 55)

그분께서 예루살렘으로 가려는 듯한 얼굴이므로 그들이 그분을 받아 드리지 아니하매 그분의 제자 야고보와 요한이 이것을 보고 이르되 주여 엘리야가 행한 것같이 불이 하늘에서 내려와 저들을 멸 하도록 우리가 명령 하기를 원하시나이까? 하거늘 그분께서 돌아서서 그들을 꾸짖으시며 .너희가 어느 영에 속해 있는지 너희가 알지 못하는도다."

(마 16:21 ~ 23)

그 때부터 예수님께서 자기가 반드시 예르살렘으로 올라가 장로들과 수 제사장들과 서기관 들에게 많은 일들로 고난을 당하고 죽임을 당하며 셋째날 다시 일으켜 세워질 것을 자기 제자들에게 보이기 시작하시니 그때에 베드로가 그분을 붙잡고 꾸짖기 시작하여 이르되 주여 ,그럴수 없나이다 이일이 결코 주께 임 하지 아니하리 이다.하거늘 그분께서 돌이키사 베드로에게 이르시되 " 사탄아 ,너는 내 뒤로 물러 가라 너는 네게 실족거리니라.네가 하나님에게서 난일을 좋아하지 아니하고 사람들에게서 난일들을 좋아하는도다”

*상반된 사항이 우리에게 이루어지는 장면이다.. 그것은 아직 성령이 오지 않은 상태이므로 세상 사람의 방식인 것 이다.그들은 다들 예수님을 위한 것 이라 생각한 것이고 그분 보다 먼저 온 생각을 표현 한 것이기 때문이다. 아직도 육신적인 떠오르는 먼저 온 생각은 영적인 문제로 사탄에게 순종하는 죄를 범 하는 것이다. 따라서 세상은 일등을 추구하며 우리는 나중을 선택하는 것이다. 이 죄가 우상숭배요 간음이요 다른 신을 모시는 죄인 것은 이미 복음에서 언급 한 것을 잊지 말아야 한다. 또한 이 해결은 절대로 내 안에 주님이 안 계시면 불가능 한 것 이다. 습관 적으로 성미 급한 사람은 몹시 힘든 시기를 맞이 할 것이다. 그러므로 평상시 말을 하지 말고 멈추며 다음 생각을 해 보는 것 이다.또한 천천히 말을 하며 차분히 침착하게 행동하는 연습을 쉬지 말고 하여야 하는 것 이다. 더욱 세상에서 우위에 오르는 것을 추구하지 않게 된다.보기에 좋은 것 이 세상에서 인정 받는것이지만 우리는 그것이 아무가치가 없게 되는 것이다.

(28) <마음에 생각>

인간은 생각의 세계에서 사는 존재라 볼 수 있다. 그런데 내가 지어 내는 생각도 있지만 무의식 상태에서도 나는 생각은 나 자신이 조정 할수 없는 단계로 이어져 순간적으로 범죄 하는 사람도 때로는 자신속에 악마가 조종한다고 하는 범죄자도 뉴스에 나오는 수가 있다. 그것은 영이라는 존재를 가진 인간이기 때문이다. 또한 그 한계는 결국 세상적인 것 이다. 다시 말 하면 영의 관장 하는 분야는 그 이상을 넘지는 않는 것 이다.다시 말하면 영으로서 생각의 세계를 다스린다고 볼 수 있다. 어느 영이 지배 하느냐가 관건인 것이다. 하나님의 영으로 떠오르는 상상이냐? 아니면 세상 신 즉 사탄의 영이 떠올리는 생각이냐 로 구분 되는 것이다. 어느 영의 지배를 받는 것 으로 그 추진력이 없는 것은 주인의 지배가 성령이냐? 악 영이냐?로 그 권능이 다른 것 이다. 그 권능에서 벗어 나지를 못 하는 사람이 거듭나지를 못한 것이다.오랜 시간의 흐름과 공을 들인 신앙으로 거듭나는 것이 아니고 그리스도의 말씀으로 동행하는 순간으로 다시 태어나야 만이 그 세상 영으로 벗어남으로 거룩하신 성령의 권능 으로 지배를 받는 것은 경험이 없는 사람은 아무리 설명을 해도 시행되지 않는 이 세상으로 는 받아드릴수 없는 비밀인 것이다. 그리고 우리 역시 그 시행의 시작과 끝은 동일해야만 한다.

(사 26:3)

주께서는 생각을 주께 고정시킨 자를 완전한 평강으로 지키시리니 이는 그가 주를 신뢰하기 때문이니 이다.

(겔 13:10)

이 악한 백성이 내 말 듣기를 거절하고 자기 마음에 상상하는 대로 걸으며 다른 신을 따라 걷고 그들을 섬기며 그 들에게 경배 하나니 ...

(살후 3:5)

주 께서 너희 마음을 인도 하사 하나님을 사랑하고 또 그리스도를 인내하며 기다리게 하시기를 바라노라.

(사 55:7 ~ 9)

사악한자(주님이 없는 자) 는 자기 길을 버리고 불의한자는 자기 생각을 버리고 주 께로 돌아오라.그리하면 그분께서 그를 긍휼히 여기시리라.내 생각은 너희 생각과 다르며 내길은 너희 길과 다르니라.하늘이 땅보다 높음같이 내길은 너희길 보다 높으며 내 생각은 너희 생각 보다 높으니라.

(고후 10:5)

우리는 상상하는 것과 하나님을 아는 지식을 대적하여 스스로 높이는 모든 높은 것을 무너뜨리고 모든 생각을 사로잡아 그리스도께 순종하게 하며 너희의 순종이 이루어질 때에 모든 불순종 하는 것을 응징하려고 준비되어 있노라.

*우리는 실지로 생각의 세계를 먼저 잡고 다음으로 주님의 목표와 계획에 합당하지 아니하면 결국 죄에 연루되어 세상 영에게 다시 잡혀 후회하게 되는 것이 일어난다. 모든 시작의 출발에서 잡지 아니하면 낭패를 당 하므로 집중하여 중심을 잡아야 한다. 또한 우리도 상대의 생각을 읽어 내는 것은 영의 이끌림이 불의한자는 세상길로 가기 때문인 것이다.

(29) <말>

왜? 하나님은 우리가 사용하는 말에 민감 하실까? 말에는 인간이 차지하고 있는 분야에 영적인 문제가 따르기 때문이다. 우리는 순간적으로 생각지도 않은 말의표현 으로 실수함으로 당황하지 않을수가 없다.

말에는 상대방을 선이나 악으로 표현할수도 있고 감동을 줄수도 있다.

평상시 세상 사람들은 세상말을 하므로 그말로 인해 서로 공감도 하고 비판도 함으로 죄를 들어내는것이며 그말을 사용함으로 우리는 그가 하나님의 자녀인지를 알수가 있다. 그러므로 그 중심에는 어느 영이 주관 하는지 가 육신에 있는지 아니면 영에 위치에 있는지를 알수있으며 거듭난 사람은 자신의 위치를 금방 알아차리므로 후회나 반성으로 자신을 책망 하고 다짐을 하게도 된다.그러므로 주를 통하거나 말씀에 의존하지 않은 상태로 말을 하는 것은 거의 후회 하게 된다.절대로 생각이 나는 대로 말을 하면 그것은 자의로 행하는 불순종인 것이며 사탄이 바라는 바라 속으면 않되는 것 이며 이말에 대한 전쟁으로 승리 하는 사람은 이미 신앙생활에 초보자는 아닌 것이다.

(약3;2만일 어떤 사람이 말에서 실족하지 아니하면 그는 곧 완전한 사람이요 능히 온 몸도 제어 하는 사람이라“)

또한 하나님의 말씀을 전달하는 사람도 말을 도적질 한다는 말이 있다. 즉 하나님을 통해서 하지 않고 자기 마음대로 하나님의 말씀을 선포 하면 그는 말씀 도적이 되는 것이다. 그는 다른 사람보다 더욱 감당키 어려운 죄를 범하는 것이다. 특히 세상의 말을 사용하여 감동을 주고 여러 사람을 이끌어 모이게 하고 하나님을 말씀을 사용 하는 인도자는 더욱 큰 심판이 기다리고 있는 것이다.

(렘 23:16 ~ 30)

주의 입에서 나오지 아니하고 자기 마음에서 나온 환상 계시를 말

하느니라."주 께서 말씀하시되 너희가 평안하리라 하셨다 하며 마음에서 상상하는대로 걷는 모든자에게 이르기를 재앙이 너희에게 이르지 아니하리라 ,하느니라."누가 주의 계획 가운데 서서 그의 말을 깨달고 들었는냐? 누구 주의 말을 주목하고 들었느냐?그런즉 보라 각각 자기 이웃에게서 내 말들을 도둑질 하는 대언자를 내가 대적 하노라."

(30) <부드러운 영>

인간은 태어나서부터 성격형성이 되는 것일까? 후천적으로 보고 배운것과 환경의 영향이 추가 될수도 있을 것이다. 그러면 성령이 오신 후에는 어떻게 성격이 변화가 되가는 것 일까? 어느 교회의 목사님은 열정이 있으며 추진력이 있고 목소리도 좋고 유모도 있어 인기가 있고 탁월한 말솜씨가 있어 신자들에게 절대적으로 추앙을 받고 있다. 그러나 바울사도는 말을 잘하지 못 하여 지적을 당하고 유대인들에게 멸시를 받았다. 왜 그렇게 되었을까?

그는 주님을 만나기 전에는 기세 등등한 베냐민 지파의 실력자이였으나 왜 그렇게 변화가 되었을까? 하나님은 우리에게 주신 선물중에 전혀 예상치 못 한 것이 있다.

(겔 36:26)

또 내가 새 마음을 너희에게 주고 새 영을 너희속에 두어 너희 살에서 돌같은 마음을 제거 하고 너희에게 살로된 마음(부드러운 마음)을 주리라")

이것은 갑자기 변화된 것 보다는 그 분의 영을 따라서 사는 삶으로 서두르거나 내 뜻대로 되지 않음이 몸에 배는 것과 화를 내거나 유모나 세상을 비유로 사람을 기쁘게 하는 어떤것도 하나님이 주신 것은 아닌 것 이다,

(딤후 2:24)

주의 종은 결코 다투지 아니하며 모든 사람에게 부드러우며 가르치기를 잘하며 인내하며 대적하는 자들을 온유함으로 일깨워 주어야 하리라.

(마 11:29)

나는 마음이 겸손하니 내 멍에를 메고 내게 배우라 그리하면 너희 혼을 위한 안식을 찾으리니 내 멍에는 쉽고 내 짐은 가벼우니라 하시니라.)

또 우리역시 그러 인하여 나는 안식 중에 평강을 누리는 것 이다.

(31) <땅에 붙은자>

하나님은 자신의 백성을 땅에 붙게 하지를 못 하게 하신다. 과거 구약에 나온 구절로

(레 11)

땅에서 기는 것 즉 기는 모든 것 중에서 배로 다니는 것이나 네 발로 다니는 것이나 무엇이든지 너희가 그것을 먹지 말지니 그것들은 가증한 것 이니라. 너희는 기는 것 즉 기는 그 어떤 것으로 인 하여 너희 자신을 가증한 자로 만들지 말며 또한 그것들로 인 하여 더러워져서 그것들로 인해 자신을 부정한자로 만들지 말지니라.")

창세기 3장에 배로 다니는 처음부터 시행자는 사탄인 것을 기억하여야 한다. 그러므로 만일 당신이 복음을 들은 자로 즉 다시 태어난자는 배로 다니는 땅에 붙은자로 출발 시키는 것이 아닌 것이다.

그러므로 땅에 붙은자는 땅의 일을 하게 되는 것 이다. 그 것들중에 말을 세상 말을 하면 그는 땅에 붙은자로 자신을 나타냄으로 그것을 분별하지 못하고 또한 그들의 말을 따르는 자들은 그들의 말이 땅의 말인지를 모르는 것이다. 또한 땅의 사람을 이해 하고 그들은 그럴 수밖에 없는 그 행위자로서 받아드리고 그들을 이해 하게되는 순서를 밟게 되는 것이다. 즉 마음이 넓은 곳으로 우리는 서게 되는 것이다.

(32) <긍정과 부정>

우리는 삶속에서 부딪치는 순간에 분별하여 결정을 하는 것이 어느 방향인가 택하여야 할 것이다. 먼저 나 자신이 어느길을 떠올리는지 가늠을 해보라. 모든 아담의 후손은 부정으로 가는 길을 택하는 것이다. 나 스스로 결정한 것이 아니고 먼저 그렇게 나타나는 형상을 따라가면 결국 범죄로 이어지는 것이다. 긍정이라는 이미지는 먼저 순수한 내면이 차있으므로 밝고 깨끗함과 이해 하며 포용하는 능력이 있는 것 이다. 온 세상이 헐뜻고 악한 모습으로 서로 물고 올라서려는 자세는 결코 긍정에서 나온 결과는 아닌 것이다. 정신적 치유가 필요 하거나 세상 삶의 권하는 방식을 가르치는 자도 말일뿐이지 결코 시행은 완전히 는 안 되는 것이다.

그러나 그리스도를 모시는 사람은 다른 것은 거듭나기 전과는 다른 것 이다.

그러므로 때로는 세상 사람보다는 어리석고 현명하지 못 할때가 있다. 바울사도는 거짓 형제에게 속아 당하는 경우가 긍정적으로 대하기 때문이다. 예수님은 말씀 하시기를 " 더러고 부정한 영아 이 시람에게서 나가라" 하시는 말씀이 그 안에 부정한 영으로 인 하는 것이기 때문이다.물론 우리 자신이 항상 긍정적으로 나타나는 것은 아니다.다만 그 순간 순간에 주님을 의식하며 거부하면 평안한 마음으로 돌아 오는 힘이 있는 것이다. 또한 익숙해 지면 부정적인 마음이 크게 작용을 하지 못해 우리 자신은 밝고 순수함으로 가득차 간다. 이것은 하나님이 내 안에 오신후 에 이루어지는 사실 상당한 기적이라 할수 있다.모든 사물이 하나님의 긍정으로 이루어진 것 으로 그 필요가 충분한 것이다.그리고 순수하고 밝은 영에서 나온 것이다. 그리스도인은 조심하며 세상에 이용되지 않도록 주의를 기우려야 할 것이다. 사실 그리하여도 당 하는 일이 부지기수 이다. 그러나 그것 마저도 긍정으로 받아 드리는 것이다.

(33) <행위 믿음>

믿음에는 행위가 따라야 한다. 온 세상의 종교는 행위 없는 믿음은 없다.기독교 안에서도 보이지 않는 상태에서는 즉 눈이 열어지지 않고 깨달음이 없는 상태에서는 글자를 따라 이행하려고 가난한자를 도와주고 과부를 도와 주고 교회 내에서 서로 돕고 교회를 위하여 돕고 물론 물질이 따르지 않을 수가 없다.그 정성의 탑이 쌓여야 스스로 만족 하며 하나님이 알아주시리라. 하는 마음에 의에서 이루어지는 성취감을 놓을수가 없다. 인간은 양심이라는 동력이 작동하며 불신자도 봉사활동으로 인생의 탑을 쌓아놓는 사람들이 많이 있다. 그러나 그것은 인간 안에서 우리끼리 통용되는 인정의 선이다. 정말 선이란 ?하나님이 계획 하신 뜻을 받들어 그분이 요구 하시는 길에 동참하여 그 행위가 나오는 것을 믿음의 행위라 하는 것 이다. 그 행위는 자신이 생각하여 이루어 내는 선이 아니라 완전하고 영원한것이며 결말은 하나님의 왕국에서 필요한 것이기 때문이다.하나님이 안계신 고아와 주님이 안계신 과부와 주안에서 홀로된 과부와 하나님것이 없는 가난한자를 분별하지 못 하는 것은 영 이신 주의 보여줌과 깨달음이 없이는 불가능 한 것이다.그러나 그리스도인은 세상밖에는 모르는 그들을 불쌍히 여겨 돕는일을 거부하지는 않는다.

이미 말을 한바 믿음이라는 것이 하나님의 동행이 있는 것이 믿음이라는 것을 다시 확인하여야 할 것이다.얼마나 수고하고 노력하여야 만족하는지 아직도 헤어 나오지 못 하는 곳에서 그들은 또한 겸손을 말하며 지속 하는지 참으로 안타깝다.

(34) <과거와 미래>

인간은 과거를 통해 미래로 간다고 볼 수 있다. 미래를 개척하는 일에 과학과 모든 지혜가 동원되어 학설이나 주장이나 새로운 발명이라는 품목이 온 세계가 지향하는바 그 끝이 어디인지 세대가 이어져 가는 것이다. 그러나 하나님이 결정하신 미래는 인간들은 찾을 수가 없다, 결국 진정한 미래는 하나님은 이미 선포 하셨다. 우리는 그 미래를 향해 준비 하고 인내 하며 기다리는 것이다. 인간의 정욕으로 원 하는 미래는 점점 하나님과는 거리가 멀어짐은 사탄이 바라는 바다. 그리고 더욱 주의 할점은 사탄은 우리를 과거를 집착하게 하고 과거를 지적하며 괴롭힘을 연상시켜 더욱 하나님의 일을 흔 들어 놓는다.어제의 실수나 실패를 더욱 강하게 열거 하여 우리를 죄속으로 붙잡히 도록 옛 생각을 떠올리는 과거로 나를 매장 하려 함에 절대 속지 말아야 한다. 특히 IT 산업은 이미 성경에 예언한 것으로 사탄이 사용하는 우상숭배로 로봇이 말을 하는 것은 이미 시작 된 것 이다. 온 세상을 바코드로 신상 파악을 하고 상 거래를 이 표가 없이는 못 하게 함으로 전 세계를 장악할수 있는 미래는 결국 영웅이라는 세계의 통치자가 이용할수 있는 단계가 이루어 질 때 하나의 세계로 가는 지름길이며 사탄이 하나님의 얼굴로 출현으로 마지막 전쟁으로 마무리 될 것을 성경은 말 하고 있으므로 기독교 신자들은 이미 알고 있는 상태이며 그 상황이 이루어 질때는 이미 늦은 것이다. 하나님은 이 환난을 거듭난 하나님의 아들들을 마치 노아의 방주처럼 피하여 주시는 것이며 땅을 치며 통곡하는 사태가 일어난다는 기록도 이루어 질 것이다.

(35) <가치관>

(마 5:39 ~ 42)

나는 너희에게 이르노니 너희는 악에게 맞서지 말라 누구든지 네 오른뺨을 치거든 그에게 다른 뺨도 돌려대며 너를 법에 고소하여 네 덧옷을 빼앗으려 하거든 겉옷까지도 가지게 하고 또 누구든지 너로 하여금 억지로 오 리를 가게 하거든 그와 함께 십리를 가며 네게 구하는자에게 주고 네게 빌리고자 하는자에게 등을 돌리지 말라“

*세상에는 공수래 공수거 라는 말이있다. 빈손으로 왔다가 빈손으로 가는 인생이라고 하며 많은 돈을 기부하여 이름을 내며 명성을 얻으나 그것이 하나님이 의해 이루어진 것인지는 모르나 실지로 뺨을 돌려 대고 오 리를 가자면 십리를 가는 사람은 없다. 아무의미도 모른체 그 길을 가는 것이 아닌 것 이다.내안에 성령이 계심으로 그 인도로 우리를 이 세상 가치없는 것으로 나를 빼앗기지 않는것이며 그것에서 멀어지는 것이다. 세상에서는 단 영점 몇초가 빠른것에 흥분하고 사라질 지구상 아름다움에 흠모하며 사람의 문제로 인기인이나 정치에 가담하는 그런일은 우리는 세상사람이 아닌 주를 닮은 주의 사람으로 주님이 나를 변형시킴으로 내가 달라져 있는 것이다. 누가 가치없는 일에 나를 흔들때에 그에게 양보 하는 것이다.나의 존재의 자존심도 이미 죽은 자이며 내가 나를 다스리는 옛 사람이 아닌 주가 나를 다스린 사람으로 완성 되어가는 사람인 것이다. 주님이 계신 실체인 것이다. 사람은 그 본성으로 하나님의 삶으로 가지는 못하는 것이다.가치없는 왼빰에 가치없는 오른뺨을 내미는 것이다. 내안에 계신 주님이 나를 형성하는 실체가 이루어지는 것이다.

(36) <나를 위한 삶>

우리에게는 몸이라는 육체가 나를 지탱함으로 모양이 있는데 그 육체를 유지하려면 먹고 마시고 입고 쉬는 집이 필요 하다.그런데 그 몸이 필요한 것을 요구하는 사항이 있는데 그 몸의 의지 와는 상관 없는 다른 독을 넣는다면 그 몸은 서서히 무너지는 것이다, 그리고는 요행을 바란다면 그것은 허무한 것이다.따라서 주님이 계신 사람은 주님이 필요한 의지를 요구 하심으로 그분의 형상화 되어가는 것인데 자기가 주인이 되어 주를 지휘하듯 무시하는 삶은 결국은 불순종이라는 명령이행으로 스스로를 패망의 길로 가는 것이다. 나 스스로가 주관하여 이행하고 나면 주님과의 접촉이 되지를 않으며 후회와 죄를 뉘우쳐야 하며 영감이 이어지지를 않는 것이므로 항상 이깨달음을 이어지도록 간절히 기도 하여야 하여야 하는 것이다. 결국 나를 위하여야 살지않고 주를 위해 사는 것을 알게 되는 것이다. 모든 사람은 자기가 주관하여 먹음직 보암직 지혜로움직 탐스러움직 할것으로 자기 판단으로 사는 것을 우리는 주의 계획과 목적으로 가는길을 찾아간다고 할 수 있다 그 주관자가 내안에서 강권 하시여 가는것이지 내삶은 어둠일뿐이다.

(37) <yes and no>

우리는 이 세상에 살고 있기 때문에 이 세상을 벗어 나서는 살수가 없다. 그안에서 주어진 것으로 살아 가는 것이다. 주어진 하나님의 창조를 거스를 수도 없다. 거부 하면 할수록 다음문제가 발생하는 미래가 오히려 우리를 해치는 악 순환으로 이어질수가 있다. 사람을 창조하신것도 그 분에 목적이 있는 것 인데 사탄의 개입으로 하나님을 대적하는 존재가 된 것이다.그러나 거부하던 사람이 돌아와 오히려 그분을 더욱 사랑하는 단계로 돌아서는 것은 그 분의 사랑의 힘인 것이다. 그러나 우리는 이 사랑의 옷을 입지 못한 사람과 한 지구안에서 살아가야 하는것이며 항상 그들과 적대 관계로 지낼수는 없는 것이다. 그 사이에서 어떤 회심이 이루어 질지는 모르는 것이며 오히려 원수가 될수도 있다. 그리고 그 원전한 요인은 알지 못 하여 일어나는 것이다.그들과의 대화에서 맞는 것은 yes 이며 아닌 것은 그저 no 일뿐 그들과 가치없는 것으로 충돌하여 서먹할 필요는 없다. 그러나 특히 하나님의 역사에는 진실 그대로 표현하며 그들과 혼합하는 니골라당을 만들면 안되는 것이다.여기에 모임즉 교회를 찾기가 어려울 것 이다. 그러나 안닌 것은 아닌 것이다. 하나님의 몸체가 아닌 몸으로 어울릴 수는 없는 것 이다.이방인은 그 대화 내용이 온 세상이 인정하는 방식이며 교회는 많은 숫자와 유명한 것으로 결정을 하는 것이다. 우리는 어우릴수가 없다 . 아무리 애를 써도 않되는 것이다. 거듭난 사람은 하나님의 사람이므로 그럴수 밖에는 없는 것이다.

(38) <음성>

하나님의 음성이 들리지 않는 사람은 하나님의 사람이 아니다. 구약시대에는 잠을 자던 사람에게 도 하나님이 직접 들려 아직도 그 음성이 들린다는 사람이 있다. 그러나 성령 하나님이 오신 이후에는 하나님은 영이 심으로 영의 음성이 들려야 하는 것이다. 교회의 하나님의 말씀을 들을 때에도 거짓 말씀은 아무리 이해 하려 해도 거부 반응 이 나와 들을 수가 없다. 그것은 영적인 것 영의 분별로 받아드릴 자리가 없고 세상적인 것이므로 더욱 거부감으로 그 교회를 나오기 마련이다.

또한 아무리 유명한 교회라도 분별이 되므로 섞이지 않는 것이다. 따라서 모르는 교회를 금방 분별하는 능력은 내 안에 하나님의 음성을 아는것이기 때문이다. 그 음성은 나는 그 촛점을 하나님께 연결되 있는 상태이기 때문이며 그 상태는 죄가 있으면 안되는 것이다. 또한 구하는 자세가 필요하다. 성령께서 떠 올리는 그 음성은 기록된 성경안에서 벗어 나지는 않는다. 그 음성에서 자라며 그 골자가 이루어 지며 그 음성이 나타나지 않으면 몹시 불안 하여 자신을 돌아보고 기도와 성경을 자세히 보아야 한다. 평생을 옆에 두고 보는 나의 눈과 귀의 이정표인 것이다. 또한 그 음성은 우리만이 가지고 있는 남이 없는 귀한 것이다. 그 음성으로 깨달으며 어둠속에서 빛을 따라 가는 이정표인 것이다.

(39) <미움>

*미움은 살인이라 예수님은 말씀 하셨다. 우리는 나에게 닥치는 순간에서 나를 위해 주는 것이 아니거나 서로의 인식의 차이로 미움이 떠오르는 것은 내가 바라지도 안했을 지라도 이상하게 미움으로 흐르는 것 이다. 이것이 더욱 살이 붙으면 더욱 욕심을 내어 그를 미워 하게된다. 결국 자기가 그렇게 판단 결정으로 결론을 내고 힘이 가해 지는 것 이다. 이 영적 싸움은 예수님을 죽이라는 결정을 함으로 그들은 최후의 심판을 초래한 것이다. 신앙 상태의 미움은 더욱 격렬해진다 같은 예수 같은 하나님이라 부르면서 그안에 영은 다른 것이다. 결국 같은 예수같은 하나님이 아닌 것이다. 실 세상살이 에서도 순간적으로 일어나는 대화나 행위에서 도 미움은 계속적이다. 특히 죄 사함을 받은 자는 더심하여 이상하게도 잊으려 해도 지워지지가 않는 것이다. 이증거 는 심각하게 받아들이면 그 사람은 구원을 받을 기회가 있다. 하나님의 사람이 아니라는 증거 이기도 하다. 우리는 그 때마다 주님을 불러 깨끗함을 바라는 것이다.

(40) <주님을 안다는 것>

*주님을 안다는 것은 성경공부를 하여 그 내용을 아는 것은 실체가 아닌 이론이라고 할수 있다.

내 안에 계신 주님으로부터 알려주신 실체를 신비라고도 하고 비밀이라고도 한다. 그것은 이 세상에서 배우는 것이 아닌 주님이 바꾸어 놓은 세계이며 이 세상과는 소통이 되지 않는 길이며 방향이다. 그리고 완성이라는 시험이 통과되는 과정으로 변형되는 형상이 이루어 져야 한다. 그리고 그 배수가 나오는 것 이다. 30배 60배 100배를 요구하시는 것 이다.즉 부르심을 받은자는 많으나 선정된자가 적은 것 이다.그렇다면 중간 점검에서 탈락이라는 실족이 구원을 받은 자가 있다는 것 이다 .실족이라는 말이 있음은 그 시험이 어렵다는 증거 이다. 그 탈락은 원인은 순종을 이 세상에게 이기지를 못 하는 것 으로 모든 눈물을 왜 닦아주신다고 하심은 그 만큼 어렵다는 것이 아닌가.숫자가 적다는 의미를 알겠는가? 주님을 안다는 벽돌이 쌓이므로 그 건축으로 지어지는 것이다.

신약을 완성시킨 제자들도 그분이 내부에서 그분으로 통한 알게 된 것을 나열한 실체인 것이다. 그리고 세상에서 배운 즉 외부로부터 들어온 것으로 지은 건축은 무너지는 성이며 주께서 지은 성이 아닌 것 이다.

(렘 31:33 ~ 40)

내가 이스라엘의 집과 맺을 언약은 이것이니 곧 그날들 이후에 내가 내 법을 그들의 속 중심부(성령)에 두고 그들의 마음속에 그것을 기록하여 나는 그들의 하나님이 되고 그들은 내 백성이 되리라.주가 말 하노라. 다시는 그들이 각각 자기 이웃과 각각 자기 형제들에게 말하기를 주를 알라, 하지 아니하리니 그들이 나를 알것이기 때문이라.시체들과 재들이 전체 골짜기와 기드론 시내에 이르는 모든 들판 곧 동쪽 으로 말문 모퉁이에 이르는 곳이 주에게 거룩하게 될것이요 그것이 영원토록 다시는 뽑히거나 내 던져지지 아니하리라."

(벧후 3:17 ~ 18)

그러므로 사랑하는 자들아 너희가 이것들을 미리 알았은즉 저 사악한 자의 오류에 이끌려 너희도 너희 자신에 굳건함에서 떨어지지 않도록 주의하라."오직 은혜 안에서 자라고 우리주 곧 구원자 예수 그리스도를 아는것에서 자라라. 그분께 영광이 이재와 영원토록 있기를 바라노라."

(41) <성경기록의 성취>

(요 12:19)

그러므로 바리새인들이 자기들끼리 이르되 "너희는 아무것도 이루지 못하는줄 알지 못 하느냐?

(요 14:24)

나를 사랑하지 아니하는 자는 내 말을 지키지 아니하나니 너희가 듣는 말은 내것이 아니요 나를 보내신 아버지의 것이니라.

*신앙의 실력자들은 저희끼리 이무것도 이루지 못 한다고 스스로 고백을 한 것이며 주님을 사랑한 다고 말씀하신 신자는 그안에 주의 영이 있을 것을 미리 아시고 하신말씀 인 것이다. 그 외에는 이루지를 못 한다는 것이다.

(요 14:22)

어찌하여 우리에게는 자신을 나타내시고 세상에는 아니하려 하시나이까? 결국 성령이 없는자는 나타나지도 않고 성경대로 내가 성취하지도 않는 것이다. 그러면 우리는 성경을 이루려고 우리도 이 세상에서 존재 하는 것이다. 우리를 지켜 주심도 우리의 성취를 기대하심이요 , 그 성취는 하나님의 다음 역할의 성장이요 사랑으로 키우신 것이다 고로 우리는 하나님의 사람인 것 이며 주의 것이다.

(42) <적그리스도>

*사탄은 우리를 평생동안 가두어 놓은 감옥에서 놓아 주지를 않고 죽기전 가지는 자기가 관리 함으로 우리는 그의 종이며 그의 자식이었던 것이다. 그러나 하나님의 때가 다 차는 때에는 그는 유럽으로 부터 이스라엘로 내려와 성전에 통치를 시작 함으로 전세계의 주목을 받을 것이며 그는 결국 온 세상을 통치하는 자로 666이라는 숫자 즉 바코드를 이용한 투명한 거래와 범죄 와 신상을 통치 한다고 기록 되어 있다.마치 전쟁없는 세상평화를 리드함으로 온 세상이 그를 인정할 것이다. 그러나 칠년이란 기간의 이 세상통치는 전 삼년반은 평화의 기간이나 후 삼년반은 온 세상의 삼차 전쟁으로 그의 통치를 거부하는 전쟁이 이스라엘과 의 전쟁이며 그는 자칭 하나님이라 하며 불이 하늘 에서도 내려 오게 하는 큰 이적을 일으키고 주님의 성령은 거두시고 남은 사람중 이스라엘에 두 선지자기 나타나 대 회개 운동이 일어 날것에 대 하여 기록 되어 있다. 그러나 이방인인 우리에게는 기회가 없는 것이다.IT 산업의 하나로 우상의 형태를 만들어 대화 함으로 그는 더욱 통치를 원활 하게 한다는 기록은 참으로 놀라운 일이며 살과 뼈가 녹아 내리는 전쟁무기는 더욱 경악을 금할수 없다. 이 책을 통해 하나님의 사랑을 더욱 깨달아 그분의 사람으로 하나님 왕국의 보석으로 새로운 통치의 세계에서 영원한 생명의 삶을 누리기를 간절히 바랍니다. 우리주 하나님은 세세토록 영광을 받으시 옵소서. 아멘. 지은이 오춘식 010-3724-3873 상담은 먼저 문자로 주십시오.

하나님의 실체 2편

1판 1쇄 발행 2022년 4월 29일

저자 오춘식

편집 김다인 **마케팅** 박가영 **총괄** 신선미

펴낸곳 하움출판사 **펴낸이** 문현광

이메일 haum1000@naver.com **홈페이지** haum.kr
블로그 blog.naver.com/haum1000 **인스타그램** @haum1007

ISBN 979-11-6440-972-3 (03230)

좋은 책을 만들겠습니다.
하움출판사는 독자 여러분의 의견에 항상 귀 기울이고 있습니다.

파본은 구입처에서 교환해 드립니다.
이 책은 저작권법에 따라 보호받는 저작물이므로 무단전재와 무단복제를 금지하며,
이 책 내용의 전부 또는 일부를 이용하려면 반드시 저작권자의 서면동의를 받아야 합니다.